උගත් පාඩම් හා ප්‍රතිසන්ධාන කොමිෂන් සභා වාර්තාව
(අවසන් කොටස)
සඳහා
සිහල බොදු පිළිතුරක්

A Sinhala Buddhist reply to the lessons learnt and reconciliations commission
(Last Chapter)

පාලිත ආරියරත්න
ජාතික බෞද්ධ බලවේගය

ක්‍රමක් ක්‍රමයෙන් හීණ වී යන සිංහල අයිතිවාසිකම් සහ බෞද්ධ උන්නතිය දෙස බැලීමට කාලය පැමිණ ඇත.

පාලිත ආරියරත්න

කොමිසමේ නිර්ණායකයන් අංක යොදා සටහන් කර ඇති අතර ලියුම් කරුගේ අදහස් එයට යටින් තද කළු පැහැති අකුරින් දැක්වේ.

උගත් පාඩම් හා ප්‍රතිසන්ධාන කොමිෂන් සභා වාර්තාව
(අවසන් කොටස)

කිසිදු දිස්ත්‍රික්කයක් හෝ පළාතක් භාෂාව මත
පදනම්ව වර්ගීකරණය නොකළ යුතුයි

කොමිසම :-

9.226 රාජ්‍ය සේවයේ දේශපාලන ඇඟිලි ගැසීම් නොමැති බවටත්. ව්‍යවස්ථාවේ සඳහන් සමානාත්මතා විධි විධානවලට අනුකූලව රාජ්‍ය සේවයේ පත්වීම් හා උසස්වීම් සිදුවන බවටත් සනාථ කරනු වස්, නොපමාව ස්වාධීන රාජ්‍ය සේවා කොමිසමක් ස්ථාපනය කරන ලෙසට කොමිසම තරයේ නිර්දේශ කරයි.

ලියුම්කරුගේ අදහස :-

කොමිසමේ ඉහත නිර්දේශය යාවත් කාලින කලයුතුය ඊට ප්‍රධාන හේතුවනම් දේශාපලන ඇගිලිගැසීම් නොසිදුවෙන දේශාපලන රාජ්‍යයක් මෙම ලොව තුල කොතනකවත් නැත. දේශපාලන ඇගිලි ගැසීම් අවම කරගැනීමට යම්කිසි උත්සහයක් ගත යුතුයි. සමානාත්මකතාවය යනුයි සිතා මහා ජාතියට (පුරවැසියන්ට) හිමිවන අයුරින්ම සුළු ජාතින්ටත් (කෙනෙකුට) රැකියා දීමට යාමෙන් රටේ මහජාතියට රැකි රක්ෂා හිගයකට මුහුණ පෑමට සිදුවනු ඇත. ලොව කිනම් රාජ්‍යයක හෝ එම රටේ ප්‍රධාන රාජ්‍යය කටයුතු කරන්නේ මහජාතියය. උදහරණ: ඇමෙරිකාවේ වැඩිම රැකියා හිමි පන්තියවන්නේ සුදු හම ඇති ඇමෙරිකානුවන්ය. අමෙරිකානු

ජනාධිපතිගේ පත්වීම කළු ජාතික ජන්මයක් ඇති බැරක් ඔබාමා මහතාට හම්බවුනද මුළු මහත් ඇමෙරිකාවේම පාලනය වැඩියෙන්ම (රැකියා මගින්) කරගෙන යනු ලබන්නේ ඇමෙරිකානුවන් විසිනි. අපට අසල් වැසි ඉන්දියාව දෙස හැරී බැලූ විටත් මෙය නිතැතින්ම ඔප්පුවේ. සිංහල ජාතිය ට හිමිවන ආකාරයෙන්ම රැකියා නියුක්තියක් සුළු ජාතීන්ටද හිමිවිය යුතු යැයි කීම වෙරළු ගෙඩිය හරි හතකට කඩාගෙන කෑම වැනිය. අවසානයේ සිදුවන්නේ සිංහල ජාතියේ පියවරුන්ට, මවුවරුන්ට පාරේ හිඟා කමින් දරුවන් හැදීමටය. රටේම උපන් රටේම මිය යන සැබෑ උරුමක් කරුවන්ට වැඩි අයිතිය නොසලසා රටට අගන්තුකව පැමිණි ජනතාවකට සමාන සහන දීම කොයි රටකද වුවද සිදු නොවේ. පස් දෙනෙකුට සැකසූ අහාර වේලක් දහා දෙනෙකුට ප්‍රමාණවත් නොවේ. මුලික මිනිස් අයතිවාසිකම් ගැන සිතා හෝ අනුන්ට උරුම රටවල් වල ජීවත් වෙන ජාතීන්ට ප්‍රමාණාත්මක රැකි රක්ෂා ප්‍රමාණයක් ලබාදෙනවා මිස සම සමව රැකි රක්ෂා ප්‍රමාණයක් ලබාදීම හෝ සම සමව උසස්වීම් ලබාදීමක් ලොව කිසිම මුලික රාජ්‍යයක සිදු නොවේ. එසේ සිදු කිරීමට බලෙන් උත්සාහ කිරීමද අවශ්‍ය නොවේ. රාජ්‍ය සේවයේ පත්වීම් හා උසස්වීම් සිදුවන බවට සනාථ කරනු වස්, නොපමාව ස්වාධීන රාජ්‍ය සේවා කොමිසමක් ස්ථාපනය කරන ලෙසට කොමිසම තරයේ නිර්දේශ කර ඇති මුත් සිංහලයන් (පුරවැසියන්) වන අප අසා සිටින්නේ තිබෙන රාජ්‍යය සේවයේ පත්වීම් සියට පනහා පනහා බෙදුනහොත් දෙමළ හා මුස්ලිම්වරුන්ට ප්‍රතිශතකයක් වසයෙන් සියයට දෙසීයක්ම සිටින රටේ සැබෑ උරුමක්කාරයන් වන සිංහල ජනතාවට ලැබෙන පත්වීම් මොනවද යන්නයි.

කොමිසම :-

9.227 ජනතාවගේ එදිනෙදා ජීවිතයට බලපාන කරුණු සම්බන්ධයෙන් සහ විශේෂයෙන් කෘෂිකර්මය, ධීවර කටයුතු, ඉඩම් ආදී ආර්ථික කටයුතු පිළිබඳව උතුරු පළාත යළිත් සිවිල් පාලනයට පැමිණවීම වැදගත්ය. ජනතාවට සාමයේ ප්‍රතිඵල භුක්ති විඳීමට හා සාමාන්‍ය සිවිල් ජීවිතයකට ආපසු යැමට හැකිවන පරිදි හමුදාව අනුක්‍රමයෙන් පසුබිමට යා යුතුය.

ලියුම්කරුගේ අදහස :-

මෙහිදී කතාකරන ජනතාවද කවුද සිංහලයන්ද (විදේශිකයන්ද) නොරටුන්ද දැනටමත් බලහත්කාරයෙන් සිංහලයන්ට අයිති භූමියෙන් විශාල ඉඩම් ප්‍රමාණයක් බලහත් කරයෙන් නොරටුන් විසින් ඩැහැගෙන ඇති බව කවුරුත් හොඳින් දනී එම ඉඩම් නිදහස් කොටගෙන සැබෑ අයිති කරුවන්ට දීම වෙනුවට ඉංග්‍රීසින් විසින් ගෙන ආ කම්කරුවන්ට හෝ රට තුල සිටින මුස්ලිම්වරුන්ට බෙදා දීමට යම්කිසි කණ්ඩායමක් අදහස් කරතොත් එය රට බෙදීමට ගත් වෙනත් විධික් ක්‍රමයක් ලෙස ද ගත හැක. ප්‍රතිශතකයක් වසයෙන් සිංහලයන්ට අයත් භූමි ප්‍රමාණයට වඩා නොරටුන්ට අයත් භූමි හා සම්පත් ප්‍රමාණය මෑතකදී වැඩිවී ඇත. තම ජීවිත පූජාවෙන්ද දරු මල්ලන් අඹු දරුවන් ද අමතක කොට ද රට බේරාගත් සාමය සාදාගත් සාදාගත් සිංහලයාට තවම උතුරු නැගෙනහිර මුල් පදිංචි වත් හිමිවී නැත. මෙසේ සිංහල අයිති වාසිකම් තුරන් වී යන පසුබිමක එම කාරණාව සම්බන්ධයෙන් කිසිවක් සඳහන් නොකට නොරටුන්හට පමණක් හිමි සිවිල් සමාජයක් ගැන තර්ක කිරීම හමුදා සේනාංක පසුබිමට යාමට කීම විහිළුවකි. සැබෑ සාමය ගැන කිමටනම් දැනට ආක්‍රමණ දහඅටකදී පමණ බලයෙන් දෙමළ බවට හැරවූ සිංහලයන්ගේ අයිතිවාසිකම් සොයා බැලිය යුතුය. නිවසක් ගොඩ නැගූ හා එම නිවසට පදිංචියට ආ පුද්ගලයන් ඉතා පහසුවෙන් හඳුනාගත හැක. ඉතා දුක් මහන්සි වී නිවස තැනූ ගෙහි හිමියා ඉවත් කොට වෙනත් විදේශික හිමිකරුවෙකු පදිංචි කොට නිදහස් සිවිල් ජීවිතකයට ආපසු යාමට සැලසීම ඉදිරියේදී පසු ගිය කාලයේදී අපරට තුල සිදුවූ අපරාධ වලට වඩා ඉතා වේගයෙන් සවිශක්තියෙන් යුතුව රට ඇල්ලීමට පෝෂණය ලබාදෙන්නක් විය හැක. පළමුවෙන්ම සිංහල ජනයා උතුරු පළාතේ පදිංචි කොට දෙවනුව දෙමළ ජනයා ගේ පදිංචිය පරිපාලනයකට ලක්කල යුතුමය. එසේම තෙසවාලමේ නීතිය ප්‍රතිසංස්කරණය කල යුතු අතර මුස්ලිම් විවාහ නීතියද සංශෝධනය කලයුතුය. ඊට පසු සිංහල සේනාංක ආපසු පසුබිමට නොයවා එම ප්‍රදෙශයන්වලම තබා හමුදා සේනාංකවලට හිතැති සිංහල පවුල්වල ජනයා එම කඳවුරුවල අවට පදිංචි කොට සිංහල සමාජයමය වපසරියක් ඇතුව සිංහලයාට නිදසේ තම රට තුල සැරිසැරීමට ඉඩ

ලබාදෙන ආකාරයෙන් හමුද ගම්මාන සකස් කලයුතුය. රට අභ්‍යන්තරයේ ඇති හමුදා මූලස්ථාන ගැන සිංහල ජනතාව බියක් පලනොකරනවා නම් උතුරු හා නැගෙනහිර පළාත්වල වාසය කරන නොරටුන් වූ ජනයා බියක් පල කිරීම පිළිබඳව සත්‍යය අසත්‍යය සොයා බැලිය යුතුය.

කොමිසම :-

9.228 ව්‍යවස්ථා පිළිබඳව අධිකරණ සමාලෝචනය සඳහා වූ ආණ්ඩුක්‍රම ව්‍යවස්ථාමය විධිවිධාන නොමැති වීම සම්බන්ධයෙන් ඉදිරිපත් වූ කරුණු පිළිබඳව කොමිසම අවධානය යොමු කරයි. ඕනෑම යෝජිත නීතියක ව්‍යවස්ථානුකූතාවය ශ්‍රේෂ්ඨාධිකරණය ඉදිරිපිට සාර්ථක ලෙස විමසීම සඳහා මහජනතාවට හා වෙනත් සංවිධානවල සාමාජිකයන්ට ප්‍රමාණවත් නෛතික විධිවිධාන තිබිය යුතුය. ශ්‍රේෂ්ඨාධිකරණය ඉදිරිපිට යෝජිත නීතියක ව්‍යවස්ථානුකූලභාවය විමසීම සඳහා විශේෂයෙන් හදිසි කෙටුම්පත් සඳහා සපයා ඇති කාල පරිමාව ඉතාමත්ම අල්පය. පැය විසි හතරක කාලයක් තුළ හෝ අතිගරු ජනාධිපතිතුමන් විසින් නිශ්චය කරන ලද දිනක සිට දින තුනක් ඇතුළත දිනෙක, හදිසි කෙටුම්පත සම්බන්ධයෙන් ශ්‍රේෂ්ඨාධිකරණය තීරණය කළ යුතු වේ (ව්‍යවස්ථාවේ 122 (1) වගන්තිය) යෝජිත නීතියක් සම්බන්ධයෙන් වූ මහජන මැදිහත්වීම සක්‍රීය ප්‍රජාතන්ත්‍රවාදයක අත්‍යවශ්‍ය අංගයක් වේ. එම නිසා, කොමිසම නිර්දේශ කර සිටින්නේ යෝජිත නීතියකට අභියෝග කිරීම සඳහා ප්‍රමාණවත් කාල රාමුවක් ලබාදෙන සුදුසු ආණ්ඩුක්‍රම ව්‍යවස්ථාමය සංශෝධන සම්බන්ධයෙන් සහසම්මුතියකට එළැඹීමට ආණ්ඩුවට හා විපක්ෂයට සියලු ප්‍රයත්න දරන ලෙසයි.

ලියුම්කරුගේ අදහස :-

මෙය සිංහලයාට ඇති ප්‍රශ්නයකි සක්‍රීය ප්‍රජාතන්ත්‍රවාදය ක් දැන් දැන් ලංකාව තුල නැතිවී යමින් තිබේ. බොහෝ විදේශිය හා අන්‍යාගමික බලපෑම් නිසා ව්‍යවස්ථාවෙන් විශේෂයෙන්ම සිංහලයාට හා බුදුදහමට තිබු අයිතීන් ක්‍රමානුකුලව නැතිවී යමින් තිබේ. එසේම විජාතික නොරටුන්ගේ ඉල්ලීම් වහා ඉටුවන අතර ව්‍යවස්ථාවෙන් ප්‍රකාශ වන සිංහල අපට හිමි විශේෂ වරප්‍රසාද ටිකෙන් ටික අහිමි වී යමින් තිබේ.

විජාතික අයිතිවාසිකම පමණක් සක්‍රීය වන ප්‍රජාතන්ත්‍රවාදය බලපෑම් කිරීමට ඕනෑම යෝජිත නීතියකට විරුද්ධව ව්‍යවස්ථානුකූතාවය ශ්‍රේෂ්ඨාධිකරණය **ඉදිරිපිට සාර්ථක** ලෙස **විමසීම සඳහා සිංහල මහජනතාවට හා වෙනත් සංවිධානවල සාමාජිකයන්ට ප්‍රමාණවත් නෛතික විධිවිධාන තිබිය යුතුය. එවිට තේසවාලනේ නීතිය මුස්ලිම් විවාහ නීතිය හා සරියා වැනි මුලිකව දියුනි වී නොමැති නීති අප බොදු රට තුල ස්ථාපිතවීම ව්‍යවස්ථානුකුලවම නැවත් විය හැක. එසේම රෝම ලන්දේශි නිතිය ඉවතලා සිංහල මහජන මැදිහත්වීම තුලින් රට ගැලපෙන සක්‍රීය ප්‍රජාතන්ත්‍රවාදය ක් ඇතිකොට ගත හැක. නොරටුන් වන සුළු ජනයාගන් පොදු නිතියට වෙන බලපෑම් අවම කල යුතුවේ.**

බලය බෙදීමේ අවශ්‍යතාවය

කොමිසම :-

9.229 බොහෝ කාලයක් දේශපාලන සහසම්මුතියකට එළැඹීමට ප්‍රධානතම බාධකය වූ එල්.ටී. ටී.ඊ. ත්‍රස්තවාදය තුරන් කිරීමෙන් පසු ප්‍රතිසන්ධාන ක්‍රියාවලිය තවදුරටත් ඉදිරියට කරගෙන යනු වස්, බලය බෙදීමට සහාය දක්වන දේශපාලනමය සහසම්මුතියකට පැමිණීමේ අවශ්‍යතාවය කොමිසම ඉදිරිපිට පෙනී සිටි බොහෝදෙනා පැහැදිලිව සඳහන් කළහ.

ලියුම්කරුගේ අදහස :-

බලය බෙදීම අවශ්‍ය නැත සුළු ජාතින් (රට තුල සිටිනතාක් කල්) **සිංහල ආණ්ඩුවේ ඕන එපාකම් වලට ගරු කල යුතුවේ. බලය බෙදීමට සහාය දක්වන දේශපාලනමය සහසම්මුතියකට පැමිණීමේ අවශ්‍යතාවය ඇත්තේ කොටි සංවිධානයට හිතැති පාර්ශවයන්ටය කොමිසම ඉදිරිපිට පෙනී සිටි සියලු දෙනා මුළු රටම නියෝජනය කරන මතය නොවේ. එය සුළුතර පිරිසකගේ මතයයි බහු තරයේ අවශ්‍ය තාවය වන්නේ සිංහල ආණ්ඩුවේ ඕන එපාකම් වලට අනුව සුළු ජනයා හැසිරිය යුතු බවය.බලය බෙදූ පසු සම්පත් බෙදාගැනීමට දිව නැටවීමට නොරටුන් වූ ජනයා ඉදිරිපත් විය හැක ''දැන් පොඩ්ඩක් පස්සේ ගොඩක්'' යැයි කිවේ පොන්ම්බලම් රාමනාදන්ය. 1818 යාපනයේ වැඩ ඇරබු අමෙරිකානු**

මිෂනාරි සමාගම දුන් විශේෂ වරප්‍රසාද නිසා රට පුරා වෙට්ටි වෙළඳ කුලයක්ද දෙමල කම්කරුවන්ද පදිංචි කරවිය. බලය බෙදාදීමෙන් රටේ අවුල් සහගත තත්වයක් ඇතිවිය හැකිය.

කොමිසම :-

9.230 පශ්චාත් ගැටුම් පරිසරය තුළ තිරසාර සාමය සහ ආරක්‍ෂාව තහවුරු වන අන්දමේ රාමුවක් ස්ථාපිත කිරීම සඳහා අනුගමනය කළ යුතු දේශපාලන ක්‍රියාවලියට රජය නායකත්වය සැපයීම ඉතා වැදගත්ය. මෙම ප්‍රයත්නයේදී එල්. ටී. ටී. ඊ. සාමාජිකයන්ව සිටියවුන් ඇතුළුව සියලු ජන කණ්ඩායම්වල අයිතීන් සහතික කළ යුතුය. මේ සඳහා ජනවාර්ගික ගැටලුව මෙන්ම ප්‍රජාතන්ත්‍රවාදී ආයතනවලට දැඩි තර්ජන එල්ල කරන අනෙකුත් දරුණු ගැටලු බලය බෙදීම මත පදනම් වූ දේශපාලනමය විසඳුමක් මගින් ආමන්ත්‍රණය කළ යුතුය. අවශ්‍ය සමාජ, ආර්ථික ප්‍රතිපත්තීන් ක්‍රියාත්මක කිරීම හා වර්ධනය කිරීම සඳහා අවස්ථා සපයන ආණ්ඩුක්‍රම ව්‍යවස්ථාමය පදනමක් සහ යාන්ත්‍රණයක් දක්වා මෙම දේශපාලනමය ක්‍රියාවලිය යා යුතුය.

ලියුම්කරුගේ අදහස :-

දැනටමත් එල්. ටී. ටී. ඊ. සාමාජිකයන්ව සිටියවුන් ඇතුළුව සියලු ජන කණ්ඩායම්වල අයිතීන් සිංහල අයිති වාසිකම් වලටත් වඩා විශේෂ වැඩපිළිවෙලවල් මගින් ම එය ඉටුවෙන බව රජය සහතික කර තිබේ. එල්. ටී. ටී. ඊ සාමාජිකයන් සියලු දෙනා නිදහස් කොට නිවහල් කිරීමෙන් ඉතා බරපතල සමාජයමය ප්‍රශ්න ඇතිවීමෙන් සිංහල සමාජය බිඳ වැටීම සිදුවේ. සියලුම අපරාධ වාර්තා රජය විසින් ළඟ තබාගෙන ප්‍රබල එල්. ටී. ටී. ඊ සමාජිකයන්ට දේශපාලනයට විශේෂයෙන් ම ඇතුල් වීමට ඉඩ ලබාදිය නොදිය යුතුය.නයි නැටවීම සිහල අප නොදන්නා අතර නොරටු න් එය හොදින් දනී.

සිංහල ජාති හිතෙෂින් විසින් අවධානය යොමුකළ යුතු ප්‍රශ්නයකි.

කොමිසම :-

9.231 බලය බෙදීම ස්වභාවයෙන් ම ජනතා කේන්ද්‍රීය විය යුතු අතර ඒ සම්බන්ධයෙන් පහත දැක්වෙන දෑ සැලකීමට ගත යුතුය.

(අ) බලය බෙදීම හරාත්මකව රටේ මිනිසුන් අතර වඩාත් සමගිය හා එකමුතු බව මිස අසමගිය සහ භේද වීම ඇති නොකළ යුතුය. ඉතා ඉහළ විවිධත්වයක් අගය කරන හා ආරක්‍ෂා කරන ඕනෑම බලය බෙදීමේ ක්‍රමවේදයක ප්‍රධානතම අරමුණ විය යුත්තේ මෙම "එක් බව" සහ පොදු අනන්‍යතාවක් වර්ධනය කිරීමයි.

ලියුම්කරුගේ අදහස :-

එක් බව පොදු බව යනු අනුන්ගේ රටකට ඇතුළුවී කාලයක් යනවිට එම රටේ මහා ජාතියට අයත් සම්පත් තමන්ගේ උවමනා එපාකම් වලට බෙදා හදාගෙන කඩා වඩා ගැනීම නොවේ. මහා ජාතියට අයත් සම්පත් හා සියලු දේ වර්ධනය කරදී එම මහා රටේ ආර්ථිකයට සහයෝග දී තමුනුත් බුක්ති විදීමය. මෙය වෙනත් ලොව සෑම රටකම සිදුවේ. එකමුතු බවට විශාල අර්ථ ප්‍රමණයක් තිබේ මීහරක් රෑහැනක් හා එළ හරක් රෑහැනක් එකම පට්ටියක දැමීමෙන් කිසිම එක මුතුභාවයක් ඇති නොවේ මීහරක් ලැගීමෙන් එළ හරක් ට යන එන මන් නැතිවීමද ස්වභාවිකවම සිදුවෙන කාර්යෙයකි.

කොමිසම :-

(ආ) ඉලක්කය විය යුත්තේ සෑම ජන කොටසකටම අයත් ජනතාව සෑම මට්ටමකදීම විශේෂයෙන් රජයේ සියලු ස්ථරයන්හිදී බලාත්මක කිරීමය. බලය බෙදීම කිසිදු ජන වර්ගයකට වරප්‍රසාදයක් හෝ අවාසියක් ඇති නොකළ යුතු අතර මේ අනුව රට තුළ ජීවත් වන කිසිදු ජන වර්ගයකට අයත් මිනිසුන්ට මෙමගින් වෙනස්කම් සිදු නොකළ යුතු අතර ඔවුන් විසින් එය වෙනස්කම් සිදු කරන්නක් සේද නොදැකිය යුතුය.

ලියුම්කරුගේ අදහස :-

සිංහලයෙකු පිටරට ගිය කල ඔහු කෙරෙහි වෙනස් කම් ඇතිවීම ස්වභාවිකය. හොදම දෙයනම් තමන් ඇතුළුවූ රට තුල තම අයිතිවාසිකම් නොලැබේනම් එයින් පිටව යෑමය. තවද සිංහලයන් ජනවර්ගයක් නොවන අතර ඔවුන් මහා ජාතියක් වන බවද නොරටුන් දැන ගත යුතුය. අසල්වැසි ඉන්දියාවට ට ගොස් සිංහලෙන් ලියුමක් තැපැල් කිරීමට ඉල්ලීම සාධාරණද? තමිල් නාඩුවෙන් පිටවත් තවම දෙමලෙන් ලිපියක් තැපැල් කල නොහැක. බලය බෙදීම යනු වැඩිපුර වරප්‍රසාද ලබාදීමකි. ක්‍රමක්‍රමයෙන් වැඩිපුර වරප්‍රසාද ලබාදීමෙන් අප රටේ ප්‍රශ්න වැඩිවී තිබේ.

කොමිසම :-

(ඇ) මිනිසුන් ප්‍රජාතාන්ත්‍රිකව බලාත්මක කිරීම සිදුවිය යුත්තේ ආණ්ඩුක්‍රම ව්‍යස්ථාවේ සුවිශේෂී විධි විධානවලින් හා රට ස්වෙච්ඡාවෙන් එළැඹ ඇති ගිවිසුම්වල බැඳීම්වලින් උකහා ගන්නා ලද පත් කරන ලද ආණ්ඩුවේ මූලික බැදීමක් වන මානව හිමිකම් ආරක්ෂා කරන හා වර්ධනය කරන පෘථුල පසුබිමක් තුළය.

ලියුම්කරුගේ අදහස :-

මානව හිමිකම් මුවාවෙන් රට ඇල්ලීම සාපරාධි අපරාධයකි ආණ්ඩුවේ මූලික බැදීමක් වන්නේ සිංහල රට දෙකට නොකට ආරක්ෂා කිරීමයි . (සිංහල මානවයන්ගේ මානව හිමිකම් තමාගේ ලේ පරම්පරාවට අයත් මවු භූමිය) ස්වෙච්ඡාවෙන් ම නොරටුන් එක් වී සිංහල ආණ්ඩුව ගැන පැසසිය යුතුව ය. ඊට ප්‍රධාන ම හේතුවනම් නිකරුනේ රටට කිසි සම්පතක් රැගෙන නොආ හා හොරෙන් පදිංචි වී සිටින මිනිසුන් හට වැඩියෙන්ම සලකන එකම රට අප රට වීමය. වැඩිම මානව හිමිකම් ප්‍රමාණයක් නොරටුන් වූ හොර පදිංචි කරුවන්ට ලබා දී ඇති ලෝකයේ එකම රට ද අප ශ්‍රී ලංකාව වේ.

කොමිසම :-

(ඇ) බලය බෙදීමේ ගැටලුව ආමන්ත්‍රණය කිරීමේදී ආණ්ඩුව ප්‍රධාන කරුණු දෙකක් කෙරෙහි අවධානය යොමු කළ යුතු වේ. පළමුව බිම් මට්ටමේදී ජනතාවගේ මනා සහභාගීත්වය සහතික කරනු පිණිස පළාත් පාලන ආයතන බලාත්මක කිරීමය. දෙවනුව පළාත් සභා ක්‍රමය ක්‍රියාත්මක කිරීමේදී අඩුපාඩු මගින් ඉගෙන ගත් පාඩම් සැලකිල්ලට ගෙන ජනතාවගේ අවශ්‍යතාවන්ට පිළිතුරු සපයන බලය බෙදීමේ ක්‍රියාවලියක් හඳුන්වා දීමය. ඒ සමගම එය ශ්‍රී ලංකාවේ භෞමික අඛණ්ඩතාවය හා ඒකීය බව ආරක්‍ෂා කරන එසේම එහි විවිධත්වය සුරකින ක්‍රියාවලියක් විය යුතුය.

ලියුම්කරුගේ අදහස :-

විවිධත්වය ගැන කෙසේ වෙතත් ශ්‍රී ලංකාවේ භෞමික අඛණ්ඩතාවයේ ප්‍රබලත්වය හා ඒකීය බව ආරක්‍ෂා (නොරටුන්ගෙන් ආරක්ෂා) කිරීමට රජය සිතා ගත යුතුය. බලය බෙදාදීමක් අනවශ්‍ය ය. උතුරු නැගෙනහිර පළාත් සභා ක්‍රමය ක්‍රියාත්මක කිරීමේදී සිංහල ආණ්ඩුවට අවශ්‍ය ආකාරයෙන් සිදුකල යුතුය.මෙම රට හොර පදිංචි කරුවන් හෝ කම්කරුවන් වසයෙන් ආ ජනතාව අදවනතුරු දේශපාලනිකව බොහෝ දුර යාම විහිළුවකි වෙනත් රටවල් වල දේශපාලනය දෙස බලන්න . විදේශ කම්කරුවන්ට හා හොර පදිංචි කරුවන්ට දේශපාලනය නොව විසා බලපත්‍රයක් නොමැතිව පාරේ බැස ගමන් කිරිමටත් නොහැකිය.

කොමිසම :-

9. 232 අතිරේක යාන්ත්‍රණයක් ලෙස, පළාත්වලින් නියෝජිතයන් තෝරා පත් කර ගත හැකි දෙවැනි මණ්ඩලයක් පිහිටුවීමට ඇති හැකියාව පිළිබඳව සලකා බැලිය හැකිය. තම පළාතට සුවිශේෂී ලෙස බලපාන නීතිමය පියවර විමසුම් කිරීම වැනි දෑ තුළින් එවන් ව්‍යවස්ථාමය තීරණ ගැනීමේ ක්‍රියාවලියේ තමන්ට ද විශාල භූමිකාවක් ඇති බවට විශ්වාසයක් මෙම යාන්ත්‍රණය මගින් පළාතේ දේශපාලන නායකත්වයට හා ජනතාවට ලබාදිය හැකියි.

ලියුම්කරුගේ අදහස :-

පළාත්වලින් නියෝජිතයන් තෝරා පත් කර ගැනීමේදී අනිවාර්ය අංගයක් වියයුත්තේ භික්ෂුත්වය ටත් තැන ලබාදීමය මෙහි කියවෙන විශාල භූමිකාව සිදුවන්නේ එවිටය. ගිහියන්ගෙන් පමණක් සැදුම් ලත් මණ්ඩලයකින් සිහල බොදු අවශ්‍ය තාවයන් සිදු නොවේ. භික්ෂුත්වයේ නායකත්වය නැති දේශපාලනය රට බෙදා දීමට සැරසෙද්දී භික්ෂූන්ගේ නායකත්වය නිසා අප රට දෙමළ ත්‍රස්ථවාදයෙන්ද ගැලවුනි.

කොමිසම :-

9.233 සැබෑවටම බලය බෙදාගැනීම හා රජයේ කාර්යයන්ට සහභාගිවීම ජනතාව බලාත්මක කිරීමක් හා දේශපාලන නායකත්වය ඔවුන්ට වග කියන තත්ත්වයක් උදාකරලීම යන්න බව සියලු පාර්ශවයන් අවබෝධ කරගත යුතුවේ. මෙය සමස්ත ශ්‍රී ලංකාවට අදාළවන අතර එයට සිංහල, දමිළ, මුස්ලිම් හා අනෙකුත් සියලු ජන කොටස්වල අවශ්‍යතාවයන් ද ඇතුළත් විය යුතුයි. මෙම අවශ්‍යතා සපුරාලන ඵලදායි ප්‍රජාතන්ත්‍රවාදී ක්‍රමයක් ක්‍රියාත්මක වීම, බලය බෙදීම පිළිබඳ සම්මුතික රාමුවක් සමග එයට ආවේණික ලක්ෂණයන් හා ආයතනයන් හේතුවෙන්, සුළු ජනකොටස්වල දුක් ගැනවිලිවලට ද පිළිතුරක් සපයයි.

ලියුම්කරුගේ අදහස :-

දමිළ, මුස්ලිම් ජන කොටස්වල වලට අයත්වන අතර සිංහලයා මහා ජාතියට අයත්වේ මහා ජාතියේ මූලික මිනිස් අයිතවාසිකම් නැති රටක සුලුතරයන්ගේද අවශ්‍යතා ලබාගැනීමට හැකි නොවේ. බල්ලා අනුව නැට්ට වැනෙනවා වෙනුවට නැට්ටට අවශ්‍ය හිමිකම් අනුව බල්ලා වැනිම විහිළුවකි. සුළු ජන කොටස් වල ප්‍රශ්න ඇසීමට විශාල NGO සංවිධාන ප්‍රමානයක් රට පුරා තිබුනද.සිංහල මානව හිමිකම් වලට ඇහුන්කම් දීමට සමත් මානව හිමිකම් සංවිධානයක් අද වෙනතුරු ඇතිවී නොමැත. සිංහල මහා ජනතාවගේ අවශ්‍යතා සපුරාලන ඵලදායි ප්‍රජාතන්ත්‍රවාදී ක්‍රමයක් අවශ්‍යතාවයන් මෙයට ඇතුළත් විය යුතුයි.

කොමිසම :-

9.234 තම තමන් අතරේ සාකච්ඡා තුළින් විසඳුම් අභ්‍යන්තරිකව සොයා ගැනීමට සියලු පාර්ශ්වයන් කැප විය යුතුයි. ජනවාර්ගික ගැටලුව අනවශ්‍ය ලෙස ජාත්‍යන්තරීකරණය වීම සහ "ඩයස්පෝරාව" විසින් එල්ල කරනු ලබන බාහිර පීඩනය දේශපාලනික එකඟතාවයකට පැමිණීමේ කථිකාවට කොතෙක් දුරට බලපෑමක් එල්ල කරයි ද යන්න පිළිබඳව දමිළ නායකයන් සලකා බැලිය යුතුයි. බාහිර තර්ජන හා මැදිහත්වීම් පිළිබඳව අවබෝධය අනාරක්ෂිතභාවයක් ඇතිකළ හැකි අතර එය පිළිගත හැකි විසඳුමක් කරා යන ගමනේ ප්‍රගතියට බරපතළ ලෙස බාධා පමුණුවයි.

ලියුම්කරුගේ අදහස :-

ඩයස්පෝරාව (ඩයස්පෝරාව යන වචනය භාවිතා කල හැක්කේ රටක් අයිති වී තිබී නැතිවූ ජාතියකට පමණය.මොවුන්ට හට කොහෙන්ද රටක්) යනු හුදෙක් කොටි සංවිධානය විසින් සකස් කල වැඩසටහනකි යම්කසි දේශ පාලකයෙක් නැති ජනවාර්ගික ගැටළුවක් ඉදිරිපත් කරයි නම් ඔහු කොටි සංවිධානයේම කෙනෙකු බව සිතා ගත යුතුය. දමිල ජාතිවාදී දේශපාලනය ඇතිවූයේ ඉංග්‍රීසි ආණ්ඩු කාලයේදීය.දැනටමත් රට තුල ඇතිවෙන ප්‍රගතින් දෙමළ ජාති වාදී සංකල්ප වලටම සහනයක් සපයයි. සිංහලයාගේ මර නින්ද නොරටුන්හට වාසි සහගත වී ඇත.

කොමිසම :-

9.235 කවර ආකාරයක හෝ බලය පැවරීමේ හෝ බලය බෙදා හැරීමේ යාන්ත්‍රණයක් ක්‍රියාකාරී විය යුත්තේ ස්වෛරී, දේශපාලනික වශයෙන් ස්වාධීන සහ බහුවාර්ගික ශ්‍රී ලංකාවක් යන පුළුල් රාමුව තුළයි. එමෙන්ම පළාත්වලට අර්ථාන්විත බලයන් බෙදා හැරීම අත්‍යවශ්‍ය වුවද රජය සතුව පවතින කේන්ද්‍රීය වගකීම් සහිත බලතළ එයාකාරයෙන් බෙදාහැරීමක් සිදු කළ නොහැකි අතර ආණ්ඩුව එම බලතල තමන් සතුව තබා ගෙන ක්‍රියාත්මක කළ යුතුවේ. බෙදුම්වාදී ප්‍රවණතාවන්ට ආමන්ත්‍රණය කොට ඒවා අධෛර්යමත් කරන සහ රටේ ස්වෛරීත්වය

හා ඒකීයභාවය සුරකින යාන්ත්‍රණයක් කවර ආකාරයක හෝ බලය බෙදා හැරීමේ වැඩසටහනක් තුළ අන්තර්ගත වන බවට වගබලාගැනීම ද වැදගත්ය.

ලියුම්කරුගේ අදහස :-

මෙම අදහස සාර්ථක වන්නේ සිංහල ආණ්ඩුවක් අප සතුව පවතින තුරුය ප්‍රධාන රජය දමිල හෝ මුස්ලිම් කරණයට ලක්වුවහොත් බෙදුම්වාදී ප්‍රවණතාවන්ට ආමන්ත්‍රණය කොට ඒවා අධෛර්යමත් කරන පසුබිමක් නැතිවේවි. තවද බහු වාර්ගික කතාවේ ඇතුල් පැත්තනම් සිහල බොදුනුවෙකු නොව කිනම් නොරටෙකුටද රට තුල රජවීමට ඉඩ කඩ හැදීමය අපරට සිහල බොදු රටක් බව කොමිසමේ සැම දෙනාම අමතක කොට ක්‍රියාකොට ඇති බව පෙනේ.

කොමිසම :-

9.236 කල් පවත්නා සහ තිරසාර ප්‍රතිසන්ධානයක් ඇති කිරීම සඳහා සිදු කරනු ලබන කුමන හෝ ක්‍රියාවලියක සාර්ථකභාවය සුරක්ෂිත කිරීමට බලය බෙදාහැරීම සම්බන්ධව දෘෂ්‍යමාන ප්‍රගතියක් තිබීමේ වැදගත්කම පෙන්වා දීමට කොමිසම අපේක්ෂා කරයි. එබැවින් ලැබී ඇති අවස්ථාව, බලය බෙදාහැරීම පිළිබඳව සම්මුතියක් ගොඩනැගීමට හොඳහිතින් ගන්නා ලද ව්‍යායාමයක් දියත් කිරීමට යොදා ගත යුතු බව කොමිසම නිර්දේශ කරයි. මෙය දැනට පවත්නා යථාර්ථය මත පදනම්ව පළාත්වලට විශේෂයෙන් බිම් මට්ටමට උපරිම බලය පැවරෙන කේන්ද්‍රයෙහි ද බලය බෙදා ගැනීමක් සිදු කෙරෙන ක්‍රමයක් විය යුතුයි. මෙම සහසම්මුතිය, තමන්ට බලපාන පාලනමය තීරණ ගැනීමට ජනතාවගේ සහභාගිත්වය ලබා ගන්නක් විය යුතු අතර කාර්යක්ෂම, වියදමට සරිලන හා පාරදෘෂ්‍ය ආණ්ඩුකරණයට බාධා පමුණුවන අධික වියදම් සහිත සහ දේශපාලනික නිලධාරිවාදී සහ අනෙකුත් ආයතනික ව්‍යුහයන්ගේ අනවශ්‍ය ද්විකරණයක් නොවිය යුතුය.

ලියුම්කරුගේ අදහස :-

බලය බෙදාහැරීම පිළිබඳව සම්මුතියක් ගොඩනැගීමට හොඳහිතින් ගන්නා ලද ව්‍යායාමයක් දියත් කිරීමට යොදා ගත යුතු බව කොමිසම නිර්දේශ කරද මෙම කාරණය සම්බන්ධයෙන් සිංහල ජනතාවගේ මතය විමසිය යුතුය ජනතාවගේ නියම සහභාගිත්වය නම් සිංහල ජනතා සහභාගිත්වය ඒ ඇයි කිවහොත් ඔවුන් ලංකාවේ සිටින හොර ආගන්තුකයන් (හොර පුර වැසියන්) නොවීමය.

කොමිසම :-

9.237 මේ අරමුණ උදෙසා, රජය සියලු දේශපාලන පක්ෂ සමග සහ විශේෂයෙන් සුළු ජාතීන් නියෝජනය කරන පක්ෂ සමග බැරෑරුම් සහ ව්‍යුහගත සාකච්ඡාවක් පැවැත්වීමට මූලිකත්වය ගතයුතුයි. මෙම සාකච්ඡා පදනම් විය යුත්තේ බලාපොරොත්තු වන සංවාද ක්‍රමය පිළිබඳ ආණ්ඩුවේ අදහස් ඇති යෝජනාවක් මතයි. මෙම සාකච්ඡා ඉහළ දේශපාලන තලයක අවශ්‍ය තාක්ෂණික සහාය සමග සිදු විය යුතුයි.

ලියුම්කරුගේ අදහස :-

රජය තවමත් සිංහල රජයක් බව මෙම ප්‍රකාශනය කියවීමෙන් තහහුරුවේ විශේෂයෙන් සුළු ජාතීන් නියෝජනය කරන පක්ෂ සමග සාකච්චා කිරීමට මුලික අරමුණක් ගන්නේ එබැවිනි. දේශපාලනය දිනීමෙන් රට ඇල්ලීමේ කලාව මෙය යැයි සිංහලයෝ හොදින් දනිති.

භාෂා ප්‍රතිපත්තිය

කොමිසම :-

9.238 පිළිවෙළින් පැවැති ආණ්ඩුවල භාෂා ප්‍රතිපත්තිය හා එය ක්‍රියාත්මක කිරීමේදී දක්වන ලද දුර්වලතාවයන් හේතුවෙන් තමන් යම් කොන් කිරීමකට නතුවුණා යැයි හැඟීමක් තමන්ට ඇතිවූ බව බොහොමයක් දමිල වැසියන් කොමිසම හමුවේ සාක්ෂි ලබාදෙමින් ප්‍රකාශ කර සිටියහ.

ලියුම්කරුගේ අදහස :-

හීනමානය කවදත් සුළු ජාතීන්ට පොදු මානසිකත්වයකි සිංහලයෙකුට සිංහලයා කියා බැන වැදීමෙන් කුපිත නොවන අතර දෙමළ කීමෙන් සුළු ජාතීන් කුපිත වීම අරුමයකි. සුද්දා විසින් භාවිතා කල ඉංග්‍රීසි රාජ්‍යය භාෂාව වෙනස් කොට සිංහල භාෂාව රාජ්‍යය භාෂාව කිරීමෙන් දමිල වැසියන්ට පාඩුව සිදුවුනේ එවකට උගත් බුද්ධිමත් දෙමළ ජනතාව සියලුදෙනාම කතා කළේ ඉංග්‍රීසි භාෂාව නිසාද? තවමත් ඉන්දියාවේ පිළිගත් ප්‍රධාන රාජ්‍යය භාෂාව හින්දි වේ. එහි දෙමළ ජනයා කොටි හයකට වැඩිය.

කොමිසම :-

9.239 වර්තමානයේ දී පවා සුළු ජන කොටස්වල බොහෝදෙනාට තමන්ගේ කටයුතු පවත්වාගෙන යැමට සිදුව තිබෙන්නේ තමා තෝරාගත් භාෂාවෙන් නොවන බව ගැටුම් පැවති ප්‍රදේශයන්හි කළ සංචාරවලදී කොමිසම අත්දුටු කරුණකි.

ලියුම්කරුගේ අදහස :-

ලොව වෙනත් රටවල් වලට ඇතුල්වීමේදී එම රටේ භාෂාව හා සංස්කෘතිය ඉගෙන ගත යුතුය. පිටරට පදිංචියට හෝ අන්තර්ජාතික පාසල් වලට යන ශිෂ්‍යන් පවා දනිති. තමා දෙමළ භාෂාව තෝරාගැනීම තමාගේ කටයුත්තකි. ඉංග්‍රීසි භාෂාවට ලැදිනම් එය ඉගෙන ගත හැකිනම් සැම දිසාවකින් ම ලංකාව තුල නිබඳව සවනට ඇසෙන සිංහල ඉගෙනගනිමිට ඇති අකමැත්ට හේතුව කුමක්ද ? සිංහල ඉගෙනීම අනිවාර්ය කල යුතුවේ.

කොමිසම :-

9.240 දමිළ භාෂාව කතාකරන පොලිස් නිලධාරීන් බඳවා ගැනීමේ ප්‍රගතිය පිළිගන්නා අතර කොමිසම තම අතුරු වාර්තාව ජනාධිපතිතුමාට පිළිගන්වමින් මෙම ගැටලු සම්බන්ධයෙන් ඉතා ඉක්මණින් ගත යුතු ක්‍රියාමාර්ගයන් ඇතුළත් නිර්දේශයන් ඉදිරිපත්

කළද තවමත් එය ක්‍රියාත්මක කර නොමැති බව කනගාටුවෙන් සටහන් කරයි.

ලියුම්කරුගේ අදහස :-

දමිල භාෂාව කතා කරන පොලිස් නිලධාරීන් අනිවාර්යෙන් සිංහලද කතා කල යුතුවේ එයට හේතුව යාපනයට සිංහලයෙකු ගියවිට තමන්ගේ ආරක්ෂාව හීනවී තමිල්නාඩුවට ගියා වැනි හැඟීමක් ඔහුගේ රට තුලම ඇතිවීමය. කොටි පොලිසියද මෙසේ දෙමළ භාෂාවෙන් පමණක් කටයුතු කළේය.

කොමිසම :-

9.241 භාෂා ප්‍රතිපත්තීන් සහ එහි ක්‍රියාකාරීත්වය අධීක්‍ෂණය කරනු ලබන නිල ආයතනයන් තුළ දමිළ භාෂාව කතා කරන පුද්ගලයන් සහ දමිළ භාෂාව භාවිතා කරන ප්‍රදේශයන් තුළින් ප්‍රමාණවත් නියෝජනයක් තිබිය යුතුය. භාෂා ප්‍රතිපත්තිය පූර්ණ වශයෙන් ක්‍රියාවට නැංවීමේ දී ප්‍රජා මට්ටම දක්වා විහිදුණු ක්‍රියාකාරි සැලසුම් අන්තර්ගත කළ යුතුවාක් මෙන්ම වසම් සහ පළාත් පාලන ආයතන අවශ්‍ය ලෙස අනාවරණය වන ප්‍රජා සහභාගිත්වයෙන් අධීක්‍ෂණය කළ හැකි ඉලක්ක තිබිය යුතුයි.

ලියුම්කරුගේ අදහස :-

භාෂා ප්‍රතිපත්තීන් සකස් කිරීමේදී මළ භාෂා හා ජීව භාෂා අතර වෙනස දැනගත යුතුමය සිංහල භාෂාව ජීව භාෂාවකි . එය ගෝත්‍රික භාෂාවක්ද නොවේ. ලොව ඇති සියලුම භාෂාවන් කතා කරන ජනතාවට සමානාත්මකව භාෂා අයිතීන් දීමට යාමෙන් හෝ භාෂා පරිවර්තකයන් දීමෙන් විශාල මුදලක් කිනම් හෝ රජයට අහිමි වේ. දමිළ භාෂාව භාවිතා කරන ප්‍රදේශයන් තුළින් ප්‍රමාණවත් නියෝජනයක් තිබිය යුතුය එම නියෝජිතයන් සියල්ලම අනිවාර්යෙන් සිංහල භාෂාවද දැනගත යුතුමය.

කොමිසම :-

9.242 සන්නිවේදන බාධක හේතුවෙන් දකුණේ ජනතාව උතුර හා නැගෙනහිර ප්‍රදේශයේ ජනතාවගෙන් ඈත්වී සිටියහ. ජාතිය, ආගම හෝ සමාජ තත්ත්වය නොසලකා සෑම පුරවැසියෙක් අතරම තමන් එකිනෙකාට අයත්ය යන හැඟීම ඇතිකිරීමට සෑම උත්සහායක්ම ගත යුතුය. ජාතියක් එක්සත් කොට බඳවා තබන්නේ භාෂාවයි. එබැවින් භාෂාවන් සම්බන්ධ ප්‍රතිපත්තීන් සැකසීම මෙම අරමුණ අරභයා කළ යුතුයි. නිල භාෂා ප්‍රතිපත්තිය ක්‍රියාත්මක කිරීමේදී එය අවබෝධය, විවිධත්වය සහ ජාතික ඒකාබද්ධතාව දියුණු කරන ඵලදායී ආකාරයකින් ක්‍රියාත්මක කළ යුතුයි.

ලියුම්කරුගේ අදහස :-

ලංකාව කුඩා රටකි මෙහි සන්නිවේදන බාධක ඉතා අඩුය උවමනාව ඇත්නම් මෙහි සුළු ජනයට ඉතා පහසුවෙන් අල්ලපු වැටේම සිටින සිංහලයාගෙන් සිංහල භාෂාව ඉගෙන ගත හැකිය. මෙය මුදල් නාස්ති නොවන කටයුතකි රටේ සමස්ත සිංහලයාම දෙමළ ඉගෙනීමෙන් අප රට වන සෙතක් නොමැත අවශ්‍ය වන්නේ සුළු තරය බහු තරය වැළඳ ගැනීමය. බහුතරය සුළුතරය වැළඳ ගැනිමක ලෝක සම්මතය තුල නැත.

කොමිසම :-

9.243 පාසල් විෂය මාලාව තුළ එකිනෙකාගේ භාෂාවන් හැදෑරීම අනිවාර්ය කළ යුතුයි. මෙය ජාතීන් දෙක අතර ආකල්පිත වෙනසක් තහවුරු කළ හැකි මූලික මෙවලමක් විය හැකියි. සිංහල දරුවන්ට දෙමළ ඉගැන්වීමත්, දෙමළ දරුවන්ට සිංහල ඉගැන්වීමත් තුළින් එකිනෙකාගේ සංස්කෘතීන් පිළිබඳ මනා අවබෝධයක් ලබා ගැනීමට හැකිවේ.

ලියුම්කරුගේ අදහස :-

එකිනෙකාගේ සංස්කෘතීන් පිළිබඳ මනා අවබෝධයක් ලබාගැනීමට භාෂාවක් කතා කිරීම අත්‍යාවශය නොවේ අවශ්‍ය වන්නේ එක

මුතුකමයි භාෂාවක් කතා කල නොහැකි ගොලුවන්ද එකමුතුව වාසය කරති මහා ජාතිය මත තම සුළු ජාතික ගෝත්‍ර භාෂාව බලයෙන් පැටවීම නැවැත්විය යුතුය. තවද සිංහල දරුවන් සියලුදෙනාටම දෙමළ ඉගැන්වීම ඉතා බරපතල වියදම් යන කාරණයකි. සුළුතරයට සිංහල ඉගෙනීමෙන් මෙම ප්‍රශ්නය ඉතා ඉක්මණින් විසදා ගත හැක.

කොමිසම :-

9.244 භාෂා ප්‍රතිපත්තිය යෝග්‍ය ආකාරයෙන් ක්‍රියාත්මක කිරීමත් අනාගත පරම්පරාව සිංහල, දෙමළ සහ ඉංග්‍රීසි යන තෛභාෂාවන්ගෙන් ව්‍යක්ත කිරීමත් ඉතා වැදගත්ය. තෛභාෂා අධ්‍යාපනය දරුවන්ට කුඩා අවධියේ සිටම එකිනෙකා අවබොධ කර ගැනීමට මහ පාදනු ලබයි.

ලියුම්කරුගේ අදහස :-

තෛභාෂා අධ්‍යාපනය දරුවන්ට කුඩා අවධියේ සිටම එකිනෙකා අවබොධ කර ගැනීමට මහ පාදනු ලබයි යනු මුලාවකි සැබෑ ප්‍රශ්නය මග හැරීමකි මව පියා කවුරුද තමා අයත් සංස්කෘතිය කවරේද යන්න නොදත් මිනිසුන් ඉබාගාතේ ලෝකය තුල සැරි සරනවා මිස රට ට දැයට හිත දායක පුද්ගලයෙකු නොවෙති. තෛභාෂා අධ්‍යාපනය වැදගත් වන්නේ විශේෂයෙන් සංචාරක, රාජ්‍යය හෝ වෙනත් අධ්‍යයනයන්ගේ නිරත වූවන්ටය. තම මව් බසවත් (සිංහල භාෂාව) හරියට කතා කල නොහැකි සිංහලයන්ට අප රට තුල සිටිද්දී. වෙනත් භාෂා ඉගෙනීමට රාජ්‍යය මට්ටමෙන් බලපෑම් කිරීම ඔවුන්ගේ මුලික මිනිස් අයිතවාසිකම් හිතා මතාම බිඳ දැමීමක් වශයෙන් ද ගත හැකිය. තම මව් භාෂාව ව්‍යක්ථ ලෙස හැසිරවිය හැකි උගතෙකුට වෙනත් භාෂාවක් ඉගෙනගැනීමෙන් එම භාෂාවට අදාළ සංස්කෘතියෙන් පැවත එන සිරිත් විරිත් වලට නැඹුරුවීම අඩු වේ. එසේම වෙනත් භාෂාවකින් සිතීමට යාමේදී නිසගයෙන්ම අළුත් අදහස් සංකල්පවලට සීමාවන් ඇති වේ. (නිර්මාණ ශක්තිය දුර්වල වේ.)

කොමිසම :-

9.245 වසර 2020 වන විට තෛභාෂික ජාතියක් බිහි කිරීමට ආණ්ඩුව මුලපිරීම කොමිසම අගය කරයි. මෙය යථාර්ථයක් බවට පත්කර ගැනීම

සඳහා අවශ්‍ය ගුරුවරුන් පුහුණු කිරීමට සහ ඔවුන් බඳවා ගැනීමට අවශ්‍ය ප්‍රතිපාදන වෙන් කිරීම අයවැය මගින් ප්‍රමුඛ අවශ්‍යතාවයක් ලෙස සලකා කළ යුතුයි.

ලියුම්කරුගේ අදහස :-

2020 වනවිට ත්‍රෛභාෂික ජාතියක් බිහි කිරීමට සිංහල අපටනම් අවශ්‍ය තාවයක් නොමැත සිහල අපට අවශ්‍ය වන්නේ තුන් සිංහලේ නැවත ගොඩ නගා ගැනීමටය. සිංහල සංස්කෘතියේ සරල බව හා බුදුදහමේ සත්‍ය සුළු ජාතීන්ට වටහා දී ඔවුන්ටත් සිංහල ඇඳුම්, පැළඳුම් ඇද අප නම් ගම් ගැනීමේ උතුම් අවශ්‍ය තාවයක් වටහා දීමේ යුගයක් සිහල බොදුනුවන් වන අප සැම අපේක්ෂා කරයි. පෙර රජවරුද, වර්තමානයේ සමහර දේශපාලකයන්ද නම් ගම් වෙනස් කරගන්නේ අප සාඩම්බර අභීත ජාතියකට අයත්වන බැවිනි (අවධානය සමහර තැන්හිදී කපටි දේශපාලකයන් සිංහල නම් ගන්නේ අපව රැවටීමටය)

කොමිසම :-

9.246 කිසිදු දිස්ත්‍රික්කයක් හෝ පළාතක් භාෂාව මත පදනම්ව වර්ගීකරණය නොකළ යුතුයි. රාජ්‍ය සේවයේ නිලධාරීන්ට රටේ කුමන කොටසක හෝ සේවය කළ හැකි ආකාරයට භාෂා කෞශල්‍යය තිබිය යුතුයි.

ලියුම්කරුගේ අදහස :-

සිංහල පමණක් උගත් සිංහල බොදුනුවන්ට මෙය අදාල නොවේ ඔහුට රටේ අස්සක් මුල්ලක් නැර රාජ්‍ය සේවයේ නිලධාරියෙකු වසයෙන් වැඩ කිරීමට අයිතිය තිබේ. නොරටෙකු හෝ වෙනත් ජාතිකයෙකු ආණ්ඩුවට සම්බන්ධවි වැඩ කටයුතු කරයි නම් එම නිලධාරියා ඉංග්‍රීසි කෙසේවෙතත් සිංහල දැනගත යුතුමය. ත්‍රෛභාෂික භාවිතා කරන සිංහලයන් අඩු මෙවැනි යුගයක මෙම මුග්ධ ක්‍රියාපටිපටියෙන් රැකියා විරහිත භාවයට ගොදුරු වීමට සිදුවන්නේ සිංහලයන්ටමය. වෙනත් පර භාෂා නොදැනීමෙන් තමා උපන් දේශය තුලම රැකියා විරහිතභාවයට

කොටුවීමට සිදුවීම අපට ගැසූ තවත් මුසලකමක් ලෙසද ගණන් ගත හැක.

කොමිසම :-

9.247 සෑම ආණ්ඩුවේ කාර්යාලයකම සෑමවිටම දමිළ භාෂාව කතා කරන නිලධාරීන් අනිවාර්යයෙන් සිටිය යුතුයි. පොලිස් ස්ථානයක නම් පැය 24 මුළුල්ලේම ද්වී භාෂා භාවිතා කරන නිලධාරීන් සේවයේ යෙදිය යුතුය.පැමිණිලිකරුවකුට ස්ව කැමැත්තෙන් තෝරා ගන්නා භාෂාවකින් තමන්ගේ ප්‍රකාශය ලබා දීමේ අයිතිය තිබිය යුතුයි.

ලියුම්කරුගේ අදහස :-

සෑම ආණ්ඩුවේ කාර්යාලයකම සෑමවිටම දමිළ භාෂාව කතා කරන නිලධාරීන් අනිවාර්යයෙන් සිටිය යුතුය යැයි කීමම සිංහල පමණක් කතා කරන නිලධාරීන්ට කරන අපහාසයකි සුළු ජන ගෝත්‍රික භාෂාවකට මෙසේ තැන දීම ලොව කිසදු තැනක නොසිදුවේ ළඟම රට වන ඉන්දියාවද මෙයට හොදම උදාහරණයකි. එහි සෑම ප්‍රාන්තයකම දෙමලෙන් කතා කල හැකි නිලධාරීන් නැත.

කොමිසම :-

9.248 රාජ්‍ය භාෂා කොමිසම කොළඹ නගරය පාදක කොටගෙන කේන්ද්‍රගත වී ඇති අතර එයට ග්‍රාමීය වැසියන්ට පහසුවෙන් ප්‍රවේශ විය නොහැක. ප්‍රබල ක්‍රියාත්මක කිරීමේ බලයක් සහිත අධිකාරියක් බවට භාෂා කොමිසම පත්විය යුතු අතර එහි ශාඛාවන් සෑම පළාතකම පිහිටුවිය යුතුය.

ලියුම්කරුගේ අදහස :-

රාජ්‍ය භාෂා කොමිසම කොළඹින් පිට පළාත්වලට ගෙනයාමෙන් කිසිම ප්‍රශ්නයක් නොසිදවේ සිදුවිය යුත්තේ සුළුතරය එම රටේ භාෂාව හැදෑරීමය.

කොමිසම :-

9.249 භාෂා බාධකය බිඳ හෙළිය හැකි මෙවලමක් ලෙස තොරතුරු තාක්ෂණය උපයෝගී කරගතහැකි ආකාරය සොයා බැලීම සඳහා මහත් අවධානයක් ලබාදිය යුතුයි. මේ සඳහා දිගුකාලීන ප්‍රතිපත්තීන් හඳුන්වාදීම සහ ක්‍රියාමාර්ග ගන්නා තෙක් එක් භාෂාවකින් අනෙක් භාෂාවට පරිවර්තන කටයුතු සිදුකිරීම සඳහා පරිගණක මෘදුකාංගයන් තාවකාලික විසඳුමක් ලෙස යොදාගත හැකිය.

ලියුම්කරුගේ අදහස :-

තොරතුරු තාක්ෂණය උපයෝගී කරගතහැකි ආකාරය ගැන අප ඉතා හොඳින් දනී වෙනත් භාෂාවක් එම ආකාරයෙන්ම පරිවර්තනය කිරීමට පරිවර්තක්යෙකුට පවා නොහැකි අතර මෘදුකාංගයන් සැකසීම තුලින් එය ඉටු කරගත නොහැක. එදිනෙදා කටයුතුවලට මෘදුකාංගයන් උපයෝගී කරගත හැකි අතර රාජ්‍යය කටයුතු කෙරෙහි මෘදුකාංගයන් ගේ පිරි පිළිතුරු කෙරෙහි වැඩි විශ්වාසයක් තැබිය නොහැක. රාජ්‍යය සේවය ලබාදීම පරිගණක ක්‍රීඩාවක් තරමට සරල නොවේ. ග්‍රාම්‍ය පිළිතුරු දීම නවතා ලියයුතුයි.

කොමිසම :-

9.250 මේ සම්බන්ධයෙන්, ද්වීභාෂා දක්ෂතාවය ඇති විශ්‍රාමලත් පොලිස් නිලධාරීන් යොදවමින් පොලිස් ස්ථානවල පරිවර්තකයන් ස්ථාපනය කිරීම සම්බන්ධයෙන් කොමිසම එහි අතුරු නිර්දේශය වෙත අවධානය යොමු කිරීමට අදහස් කරයි.

ලියුම්කරුගේ අදහස :-

විශ්‍රාමලත් පොලිස් නිලධාරීන් යොදවමින් පරිවර්තන කටයුතු කරගැනීම වරදක් නොමැති අතර ද්වීභාෂා දක්ෂතාවය ඇති සිංහල දන්නා (ලැදි) නිලධාරීන් කීයක් රට තුල ඉන්නවා දැයි පළමුවෙන්ම සොයා බැලිය යුතුය. තවද සිංහල දන්නාමුත් දමිළ නිලධාරීන්ගේ පරිවර්තන ක්‍රියාපටිපටිය ගැන සිංහල ජනතාව වැඩි විශ්වාසයක නොතිබුණු ඇත. ඊට ප්‍රධානම හේතුව අතීත සිදුවීම් හා දෙමළ භාෂාව

ඉගෙන ගත් උගතෙකුට චතුශ්කෝටික භාෂාවක් වූ සිංහලයට දෙමළ පරිවර්තනය කිරීම බැරෑරුම් කර්යයක් වීමය.

අධ්‍යාපනය සමාන අවස්ථා

කොමිසම :-

9.251 එක්සත් වූ ශ්‍රී ලංකාවක් තුළ සිංහල හා දෙමළ ජාතීන් අතර ප්‍රතිසන්ධානය ඇති කිරීමට නම් වෙනස් අයුරින් සලකුණු ලබන බවට ඇති හැඟීම ඉවත් කිරීම පූර්ව අවශ්‍යතාවයකි. විවිධ ජන කොටස්වලට ලබා දෙන ලද අධ්‍යාපන අවස්ථාවල තිබූ අසමතුලිතතාවය නැති කිරීමට රජය ධනාත්මක ක්‍රියාදාමයක් ලෙස ගත් ප්‍රමිතිකරණය කිරීම හඳුන්වාදීමෙන් පසු බොහෝ කලක් ගත වී තිබේ. එම නිසා, අනාගත පරම්පරාවන්ගේ සුබසාධනය උදෙසා, දක්‍ෂතා මත පදනම් වූ ප්‍රවේශ ක්‍රමයක් හඳුන්වාදීම අරමුණු කොටගෙන, මෙම කෝටා ක්‍රමය හොඳින් විශ්ලේෂණය කිරීම කාලෝචිත වනු ඇත. එවන් විශ්ලේෂණයක් කළ යුත්තේ අධ්‍යාපන ක්‍ෂේත්‍රයේ ප්‍රවීණයන්ගෙන් සැදුණු කමිටුවක් විසින් බැව් කොමිසම නිර්දේශ කරයි.

ලියුම්කරුගේ අදහස :-

පිටරටින් පැමිණ සිටින හොරෙන් අපරට තුල පදිංචි වී (තාවකාලික පුරවැසි භාවය) සිටින විදේශික නොරටුන්ට ඉහලින් ම සලකන එකම රට අප රට වේ. කිසිම අසමතුලිතතාවයක් නැත සුළුතරයට බහුතරයගේ අයිතිවාසිකම් බලයෙන් පවරාදීමක් අප රට තුල සිදුවේ. සිංහල පාසල් විශාල ගණනක් දැන් වැසි ගොස් ඇත සිංහල අධ්‍යාපන කටයුතු නගරයේ පාසැල්වලට පමණක් කොටු වී තිබෙන ස්වරූපයක් අප රට තුල දක්නට ඇත. දැන් දැන් ගමෙන් පිටත පාසල්වලට තම දරුවන් ඇතුළත් කරලීමට දෙමාපියන් උත්සාහගන්නේ ද එබැවිනි.

කොමිසම :-

9.252 අධ්‍යාපන පහසුකම් සමානාත්මකව බෙදුණු වැඩසටහනක්, ආණ්ඩුව නව්‍ය වූ ජවයකින් පටන්ගත යුතු අතර එය සුළුතරය හට කිසියම් හෝ නොසැලකීමේ හැඟීමක් ඇති වීම අවම කිරීමේ සාමූහික ප්‍රයත්නයකට පිටිවහලක් වනු ඇත. දැනට යෝජිත, 2011 වසරේ සිට

දීප ව්‍යාප්තව ද්විතීයික පාසල් දහසක් උසස් ශ්‍රේණිගත කිරීමේ යෝජිත සැලසුම, අසමානාත්මතා අවම කිරීමටත්, අවසානයේ ඒවා දුරලීමටත් තවත් අවස්ථාවක් සපයනු ඇත. මෙම ප්‍රතිපත්තිය ක්‍රියාවට නැංවිය යුත්තේ සමාජය තුළ පීඩනයක් සහ බෙදීම් ඇති නොවන පරිදිය. මෙම ප්‍රයත්නය සාර්ථක විය හැක්කේ මෙම පාසල් අපක්ෂපාතී මිණුම්තලයක් මත සහ දේශපාලනයෙන් ඇත් වූ තෝරා ගැනීමක් මත හඳුනා ගතහොත් පමණි. රටේ විවිධ පැතිවල තිබෙන අධ්‍යාපන පහසුකම්වල අසමානාත්මතාව අවම කළ යුතු බවත්, අවසානයේ දුරු කළ යුතු බවත් කොමිසම නිර්දේශ කරයි.

ලියුම්කරුගේ අදහස :-

අධ්‍යාපන පහසුකම් සමානාත්මකව බෙදුණු වැඩසටහනක් අත්‍යාවශ්‍ය වී ඇත. එහෙත් ඉහත ආකාරයෙන් නොවේ ගමේ සිංහලෙන් ඉගෙන ගන්නා පාසලටත් සමාන තැන ලබා දිය යුතුය. වෙනත් බසක් ඉගෙනීමෙන් හා එම සංස්කෘතික දුර්වලතා දැකීමෙන් එම සංස්කෘතිය හා භාෂාව අප්‍රිය සහගත බවට පත්වීමට ද ඉඩ කඩ ඇත. අරාබි දේශයන් වල මෙය ඉතා ඉක්මණින් සිදුවේ. සිංහල ඉගෙන ගැනීමෙන් දෙමළ දරුවන් අතර වෙනත් සමාජක් නිර්මාණය තුලින් දෙමළ සමාජය තුළ පීඩනයක් ඇතිවිය හැක. එසේම හොද සිරිත් වෙනුවට පර සිරිත් ලැදි වීමෙන් සිහල සමාජයද වල් පල් වී විනාශ වී යා හැක.

කොමිසම :-

9.253 විවිධ ජනවාර්ගික මෙන්ම ආගමික පසුබිම්වලින් පැමිණෙන දරුවන්ට අධ්‍යාපනය සපයන මිශ්‍ර පාසල් දිරිගන්වන සක්‍රීය ප්‍රතිපත්තියක් රජයට තිබිය යුතු බවද කොමිසම අවධාරණය කරයි. මේ සම්බන්ධයෙන්, මෙම පාසල්වලට විවිධ ජනවාර්ගික සහ ආගමික කොටස්වලින් දරුවන් ඇතුළත්කිරීමට පහසුකම් සැපයීමට සුපරීක්ෂාකාරීව නිර්මාණය කළ ප්‍රතිපත්තියක් ආණ්ඩුව විසින් වර්ධනය කළ යුතුය. පාසල්වලට ඇතුළත් කිරීමේදී, ජනවාර්ගික හෝ ආගමික පදනම මත ශිෂ්‍යයන් නුසුදුස්සන් කිරීම ප්‍රතිසන්ධානයේ දී යහපත් නොවේ. එවන් ඕනෑම ක්‍රියාවක් පිටුදැකිය යුතුය.

ලියුම්කරුගේ අදහස :-

මෙය ඉතා හොඳ ප්‍රතිපත්තියකි සිංහල ළමයෙකුට යාපනයේ දෙමළ පාසලට ගොස් සිංහලෙන් ඉගෙන ගැනීමට හැකි වීමකි. දැනට සිංහල පාසැල් වලට රටේ ඕනෑම ළමයෙක්ට යා හැකි අතර සමහර මිෂනාරී පාසැල් වලට ඇතුල්වීමේදී තමන් මිෂනාරී දහම් පිළිගන්නා බව අත්සන් කලයුතු තත්වයකට පත්වී තිබේ. ආගම් බේදයෙන් තොර සිංහලයා කවදත් අනිත් ආගම් වලට ගරු කලයේය. නමුත් අධ්‍යාපනය මුවාවෙන් සිංහලයන් වෙනත් ආගම් කෙරෙහි වෙනත් සංස්කෘතීන් කෙරෙහි නැඹුරු කිරීමේ ප්‍රවනතාවය අපරට තුල ඇතිබවද සිහි කලපනාවේ තබා ගත යුතුය.

කොමිසම :-

9.254 අගනා සංස්කෘතික විවිධත්වය හා විවිධ ජන කොට්ඨාස සම්බන්ධයෙන් වූ අන්‍යෝන්‍යය අවබෝධය හා ප්‍රශංසාව පාසල් දරුවන්ගේ සහ තරුණයන්ගේ මනස තුළට කාවැද්දිය යුතු අතර එමගින් ප්‍රතිසන්ධාන ක්‍රියාදාමය රටේ සමාජ ව්‍යූහය තුළ හොඳින් ස්ථාපනය වේ. එම නිසා, කොමිසම නිර්දේශ කරන්නේ, විවිධ පළාත්වල පාසල් යුගළ කිරීම, ශිෂ්‍ය හුවමාරු ක්‍රම සහ පාසල්වල ප්‍රතිසන්ධාන සමාජ ඇති කිරීම වැනි උපක්‍රම හරහා සිසුන් අතර වඩා හොඳ අන්තර් සබඳතා දිරි ගැන්විය යුතු බවයි.

ලියුම්කරුගේ අදහස :-

දරුවන්ට අධ්‍යාපනය ලබාදීමේ දී විවිධ පාසැල්වලට යාම හරියට කෝච්චිය නිතර පිහිළි පැනීමක් බඳුය. ළමා අධ්‍යාපන දී වැඩිහිටි අප ඉතා ප්‍රවේසම් සහගත විය යුතුය. අන්‍යෝන්‍යය අවබෝධය යනු තවත් සංස්කෘතියක් කරපින්නා ගැනීම නොවේ.

සාම අධ්‍යාපනය

කොමිසම :-

9.255 ප්‍රවීණ ජාත්‍යන්තර නීතිවේදියෙක් කොමිසම ඉදිරියේ සාක්ෂි දෙමින්, එකමුතුබව හා ප්‍රතිසන්ධානය වර්ධනය කිරීමේදී සාම

අධ්‍යාපනයේ ඇති වටිනාකම අවධාරණය කර සිටියේය. විෂය පද්ධතියේ කළ හැකි වෙනස්කම් පිළිබඳව කොමිසම් සභාවේ අදහස් වාර්තාව තුළ සඳහන් කොට ඇත.

ලියුම්කරුගේ අදහස :-

ජාත්‍යන්තර නීතිවේදියෙක් කොමිසම ඉදිරියේ සාක්ෂි දීම හා සාම අධ්‍යාපනය ගැන කතා කිරීම ඉතා අගය කර යුතු කටයුත් තකී. නමුත් නිවන අරමුණු කරන සතර බ්‍රහ්මවිහරණ ගැන අප දන්නා කරුණු හමුවේ ජාත්‍යන්තර සාම අධ්‍යාපන තවමත් හෙලුවැල්ලෙන්, නිරුවතෙන් සැම තැනම ඇවිදින වාමනයෙකුට සමාන කල හැක. අප පන්සල් පාඨශාලාවන් පිහිටවීම කෙරෙහි නැවත හැරෙමු.

කොමිසම :-

9.256 ත්‍රෛභාෂා ප්‍රතිපත්තියක් ක්‍රියාත්මක කරනු වස් හැකිතාක් දුරට විවිධ ජන කොටස්ශවල ශිෂ්‍යයන්ට අන්තර් සබඳතා පැවැත්වීමට සැම අවකාශයක්ම සැලසීමට කටයුතු යෙදිය යුතුය. හැකිතාක් ප්‍රායෝගික ලෙස එකම පන්තිය තුළ අන්තර් සබඳතා දිරිමත් කළ යුතුය. කෙසේ වුවද, වෙනත් භාෂාවන්ගෙන් විෂයයන් උගන්වන අවස්ථාවන්හිදී ඔවුන්ව වෙනත් පන්ති කාමරවලට යොමු කළ හැක.

ලියුම්කරුගේ අදහස :-

දෙමළ ළමයා හා සිංහල ළමයා එකට විසීමෙන් කිසිම සමාජ යමය යහපතක් සිදු නොවේ. එකමුතුව ඇතිකිරීම බලහත්කාරයෙන් අධ්‍යාපන හරහා කලයුතු තත්වයක්ද නොවේ. අන්තර් සබඳතා පැවැත්වීම යාමෙන් වැඩිහිටි පාසැල් බාලක බාලිකාවන් තුල පෙම් සබඳතා වැඩිවීමෙන් අන්තර් විවාහ වැඩිවීමෙන් දෙවර්ගයේම දෙමපියන් හට සමාජයට මුහුණ දිය නොහැකි ප්‍රශ්න රාශියක්ද ඇතිවීමට ද ඉහත බාලාංශ ක්‍රියා හේතු විය හැක.

කොමිසම :-

9.257 ත්‍රෛභාෂික පාඨමාලා රාශියක් තෝරාගැනීමට ඇති, ජනවාර්ගික මිශ්‍ර වූ ශිෂ්‍ය ප්‍රජාවක් සිටින පොදු විශ්වවිද්‍යාල ඇති කිරීමට පියවර ගත යුතුය. මැතක් දක්වා පෙනීගිය කරුණක් වූයේ බොහෝ දෙමළ කතාකරන විශ්වවිද්‍යාල සිසුන් උතුරට හා නැගෙනහිරටත්, සිංහල කතාකරන විශ්වවිද්‍යාල සිසුන් දකුණටත් සීමාවන බවයි.

ලියුම්කරුගේ අදහස :-

මෙය වෙනත් රටවල පවා සිදු වේ. උතුරට හා නැගෙනහිරටත්, සීමා වීමෙන් කිසිම අගුනක් මෙතෙක් සිදුවී නොමැත. තමන් උපන් පළාතේම විශ්වවිද්‍යාල අධ්‍යාපන ලැබීම පෙර පිනකි. ළමුන් අතර පවා බෙදීම් ඇතිකළේ සටකපට දේශපාලකයන් විසිනි. ඉංග්‍රීසි හු මෙහි ආරම්භකයන්ය.

කොමිසම :-

9.258 කොමිසම දරන අදහසක් නම් විවිධ ජන කොට්ඨාසවල මිනිසුන් අතර ප්‍රතිසන්ධාන ක්‍රියාදාමයට අවශ්‍ය අන්තර් - පුද්ගල සබඳතා වර්ධනය කිරීමට ක්‍රීඩාව ඉවහල් වන බවයි. මේ අදහස පෙරදැරි කරගෙන අන්තර් පළාත් මට්ටමින් ක්‍රීඩා උත්සව පැවැත්විය යුතු බවත්, විශේෂයෙන්ම උතුර හා නැගෙනහිර ද ඇතුළත් වන පරිදි රට පුරා ද වැදගත් ක්‍රීඩා තරග පැවැත්විය යුතු බවත් කොමිසම නිර්දේශ කරයි.

ලියුම්කරුගේ අදහස :-

ක්‍රීඩා තරග පැවැත්විම හොඳ අදහසකි නමුත් එය බලයෙන් වැපිරිය යුතු නොවේ. ඉදිරියේදී ඉන්දියාව භූ කම්පනයක නිසා දෙදරා ඇවිත් ලංකාවට සම්භන්ධ වුවහොත් තමිල්නාඩුවේ පාසල් ළමුන් සමගද ක්‍රීඩා තරග පැවැත්වීමට යන්නේද? විවිධ ක්‍රීඩා වැඩසටහන් වලින් නැති එකමුතුවක් සැදීමට යාම තුලින් නැති ප්‍රශ්නයක් ප්‍රතිපලය වසයෙන් ලැබිය හැක. ජාතින් දෙදෙනෙකු තරග කිරීමෙන් එක මුතු භාවයක් ඇතිවෙනවාට වඩා එක ජාතිකයෙකු තවත් ජාතිකයෙක් පැරදවීමට හෝ ජය ගැනීමට උත්සහා කිරීම ලෝක සම්මතයකි. සිහල ජාතියට

වඩා ආගමික හා ජාතිකව සමානකම් ඇති දෙමළ හා මුස්ලිම් අතර නොයෙක් විරහිතකම් අද පවතින දේශපාලනය තුලින්ද දැක ගත හැක.

"ඩයස්පෝරාව"

කොමිසම :-

9.259 ඇතැම් "දෙමළ ඩයස්පෝරා කණ්ඩායම්" පෘථුල වූ ප්‍රතිසන්ධාන ව්‍යායාමයන්ට යහපත් අන්දමින් දායක වන අතර සමහර ඩයස්පෝරා කණ්ඩායම් විශේෂයෙන්ම එල්ටීටීඊ යට උපකාර කරනවා යැයි විස්තර වන කණ්ඩායම් එදිරිවාදී ප්‍රවේශයක් අනුගමනය කරන බව පෙනී යන බැව් කොමිසම සඳහන් කළේය.

ලියුම්කරුගේ අදහස :-

දෙමළ ඩයස්පෝරා කණ්ඩායම් සියල්ලම යන්නේ එකම මාවතකය ඒ හොඳින් රට ඇල්ලීම සහ නරකින් රට ඇල්ලීමටයි.

කොමිසම :-

9.260 මෙම "සතුරු ඩයස්පෝරා කණ්ඩායම්" වලට ලංකාව ප්‍රතිසන්ධානය සඳහා කරන්නා වූ අවංක උත්සහායන් විනාශ කිරීමේ හැකියාව ඇති බව කොමිසමට පැහැදිලිය. එම නිසා, ආණ්ඩුව අදාල කොටස්කරුවන් සමග විශේෂයෙන් සිවිල් සමාජය සමග විදේශගතව ජීවත්වන ශ්‍රී ලාංකික ජන කොට්ඨාසයන්ගේ ශක්‍යතාව ඒකරාශී කිරීමේ පරිපූර්ණ වැඩසටහනක් වර්ධනය කළ යුතු යැයි කොමිසමට හැඟෙයි.

ලියුම්කරුගේ අදහස :-

සතුරු ඩයස්පෝරා කණ්ඩායම් පෝෂණය කරන අන්තර් ජාතික බලවේග හඳුනා ගත යුතුය තවද රට තුල ඇති දෙමළ, මුස්ලිම් ජාතිවාදී දේශාපලන පක්ෂ වහා තහනම් කල යුතුය.

කොමිසම :-

9.261 එබඳු ප්‍රවේශයක මූලිකාංග විය යුත්තේ

(අ) බලය බෙදාහැරීම හා අනෙක් දුක්ගැනවිලි සම්බන්ධයෙන් සුළු පක්‍ෂවලින් තේරීපත්වූ නියෝජිතයන් සමග අර්ථවත් සංවාදයකට එළඹිය යුතුයි. "සතුරු ඩයස්පෝරා කණ්ඩායම්" නොවැදගත් කොටසක් බවට පත්කරලීමේ වඩා කාර්යක්‍ෂම ක්‍රමය වන්නේ, ඉහළ දේශපාලන අධිකාරියේ පිළිගැනීමක් තිබෙන බව ගම්‍ය වන ව්‍යුහගත සංවාදයක් මගින් දේශීය සුළු පක්‍ෂ සඳහා අනුකූලත්වයක් ලබාදීමයි.

ලියුම්කරුගේ අදහස :-

සුළු පක්‍ෂවල ඇත්තේ සුළු අදහස්ය සැම විටම සිංහල මහා පක්ෂ සමග රටේ ප්‍රශ්න කතා කලයුතුය. අවසානයේ සුළු පක්‍ෂවල හා සුළු ජාතින්හට සවන් දිය යුතුය. සිංහල මහා පක්ෂ යනු මෙම රටේ නියම උරුමක් කාරයින්ගේ පක්ෂය. තනි පුදගලයෙකුගේන් සමන්විත පක්ෂයක් වුවද එය සිංහල බොදුනුවකෙුගේ මතයක් නම් එයට සවන්දිය යුතුමය. දෙමළ නමුත් රටේ බොදු සිහල අයිතිය පිළිගන්නා ද පක්ෂවල අදහසට ද සවන් දියයුතුමය. මෙම රට සිංහල බෞද්ධ රටක් බව අප සැම පිළිගන්නා බැවිනි.

කොමිසම :-

(ආ) තවමත් විරුද්ධවාදී ආකල්පයන් සහ එල්ටීටීඊයේ බෙදුම්වාදී ප්‍රවේශය වර්ධනය කරන කණ්ඩායම් සමග අර්ථවත් අන්දමින් සම්බන්ධ වී එම කණ්ඩායම්, දේශීයව ප්‍රතිසන්ධාන හා සංවර්ධන කාර්යයට අනුගත කළ හැකි ආකාරය සෙවිය යුතුය.

ලියුම්කරුගේ අදහස :-

දෙමල මහා පක්ෂද, සමහර සුළු පක්ෂද දිනපතා කතා කරන්නේ බෙදුම් වාදය වර්ධනය වන අකාරටයටය, සමහර සුළු කණ්ඩායම් රට ගිනි තැබීමට වෙර දරමින් සිටියි . ඊට ප්‍රධාන හේතුවනම් නරකින් රට ඇල්ලීම පසෙකලා සාමකාමී විරුද්ධවාදී ආකල්පයන් (සාමකාමී

ත්‍රස්තවාදය) මගින් තම කර්තව්‍යය ඉටුකරගැනීමය. තම උපන් බිම රැකගැනීමට වෙරදරන සිංහල ජනතාවගේ මතය නිසා රටේ යමකිසි විරුද්ධවාදී ආකල්පයන් මතුවී බෙදුම් වාදය වර්ධනය වන බව යම්කිසි පුද්ගලයෙකු හෝ කණ්ඩායමක් සිතයි නම් එය නිවැරදි නොවන බවත් සිංහලයා එසේ ක්‍රියාකරන්නේ හුදෙක් තම මව් භූමිය යනු එන එන විදේශ මිනිසුන්හට සමසේ බෙදාදීමට ඇති සොහොන් පිට්ටනියක් නොවනබවත් සිතාගෙන උතුම්ව ක්‍රියා කොටගෙන යන බැවිනි .

කොමිසම :-

(ඇ) ජාත්‍යන්තර ප්‍රජාව, සමග විශේෂයෙන් මෙම ඩයස්පෝරා කණ්ඩායම්වලට සත්කාරකත්වය සපයන රටවල් සමග සක්‍රීය රාජ්‍ය තාන්ත්‍රික මුලපිරීමක් කළ යුතුයි. මෙහි අරමුණ විය යුත්තේ මෙම කොමිසම් සභාවේ නිර්දේශයන් ක්‍රියාත්මක කිරීම ඇතුළු පශ්චාත් අර්බුද විසඳීම සඳහා ගෙන තිබෙන කාර්යක්ෂම හා පැහැදිලි ක්‍රියාමාර්ගයන් සම්බන්ධයෙන් අර්ථවත් සංවාදයක් මගින් එම රටවල් දැනුවත් කිරීමයි. මෙලෙස කිරීමෙන් මෙම සතුරු ඩයස්පෝරා කණ්ඩායම්වල හඬට සත්කාරක රටවල් ඇහුම්කම්දීම අවම කරන අතරතුර ආණ්ඩුව විසින් සපයන තොරතුරු සම්බන්ධයෙන් වඩා හොඳ පිළිගැනීමක් ඇතිකරලීමට ආණ්ඩුවට හැකිවේ. ඊට අමතරව ආණ්ඩුව ප්‍රචණ්ඩත්වය සහ බෙදුම්වාදය පදනම් වූ එල්.ටී.ටී.ඊ මතවාදය ප්‍රතික්ෂේප කරන සහ සහසම්මුතික දේශපාලනමය මෙන්ම ප්‍රජාතන්ත්‍රවාදී මූලධර්මයක් වන වාර්ගික සමගිය අගය කරන ප්‍රවාසිකයන්ගේ කාර්යයන්වලට සක්‍රීය ලෙස ආධාර කිරීමත් ධෛර්යමත් කිරීමත් කළ යුතුයි.

ලියුම්කරුගේ අදහස :-

විදේශ රටවල් වල ක්‍රියාකාරී දෙමළ ව්‍යාපාර රැස්කර තිබේ. මොවුන් සියලු දෙනාම කොටි සිහින (ඊළම්) මවන්නන්ය. ඔවුන් ඔවුනට අයිති නැති රටක් ඇල්ලීමට යන බව විදේශ රටවල් සියලන්ම හොඳින් දනී. (මෙම පසුබිමේ ඉතා සියුම්ව ක්‍රියාකාරී වූ ආගමික ත්‍රස්තවාදයට යුද්ධය නිමාවීමෙන් පහර වැදුනි අන්තර් ජාතිකයට මෙය නොඉවසනා කටයුත්තක්ද විය) එබැවින් නැති ඩයස්ගේ පෝරාවක් ගැන රාජ්‍යය

මට්ටමින් කතා කිරීම විහිළුවක් වේ. කිරීමට ඇති එ කම දෙයනම් විදේශ වැසියන්ගේ පුරවැසිභාවය ගැන ප්‍රශ්න කිරීමය. ඉතිහාසය හඳුන්වා දීමය. පශ්චාත් අර්බුද නිර්මාණය කිරීමට වෙරදරන සුළු ජනවර්ග දැනුවත් කොට නැති ඩයස්ගේ පෝරාව වට ජාත්‍යන්තර වසයෙන් ඇහුම්කම් නොදීමය. යම්කසි රටක් කොටි මතයට ගරුකරනවනම් ඔවුන් අප රට දෙකඩ කිරීමට උපකාර කරන රටවල් වසයෙන් ජාත්‍යන්තර ප්‍රජාවට හඳුන්වා දීමය.

කොමිසම :-

(ඇ) ශ්‍රී ලංකාවේ ආයෝජනයට සහ සේවය කිරීමට කැමැති ප්‍රවාසිකයන් සම්බන්ධයෙන් වඩාත් නිදහස් ප්‍රතිපත්තීන් සහ ආකල්පයන් ආණ්ඩුව අනුගමනය කිරීම යෝග්‍ය වේ. උදාහරණයක් වශයෙන් ද්විත්ව පුරවැසිභාවය ලබාගැනීම සහ මුදල් ප්‍රේෂණය පහසුකරන අතරතුර රට මුළුල්ලෙහි අයුතු සීමා කිරීම් වලට යටත් නොවී සංචාරය කිරීමේ හැකියාව තිබිය යුතුයි.

ලියුම්කරුගේ අදහස :-

ද්විත්ව පුරවැසිභාවය ලබා දීම විශාල අර්බුදයකට මගපාදා දිය හැකි තත්වයකි මෙහි ඉංග්‍රීසින් විසින් ගෙන ආ දමිළ වැසියන් ආණ්ඩු කිරීමටද රට පෙරලීමට පටන් ගත්තේය. තාවකාලික පුරවැසිභාවය උපයෝගී කොටගෙන සුවිශාල හානියක් අප සිංහල රටට දැනට කර තිබේ. මෙහිදී අවශ්‍යවන්නේ නිදහස් ප්‍රතිපත්තීන් නොවේ අවශ්‍ය වන්නේ බුද්ධිමත් ප්‍රතිපත්තින්ය. විශාල වසයෙන් ත්‍රස්තවාදයට උදවු කෙරු හා එම මුදල් තුලින් අපරට තුල ආයෝජන කර ද්විත්ව පුරවැසිභාවය ලබාගැනීමට (විදේශ ග්‍රහණයෙන් මිදීමටද) විශාල ත්‍රස්තවාදීන් ප්‍රමාණයක්ද බලා සිටියි. අප එය ගැනද අවධානය යොමුකළ යුතුයි. වැඩිපුර සංචාරය කිරීමේ හැකියාවක් ඉල්ලන්නේ කුමක් සදහාද යන්න සොයා බැලියයුතුයි. තවද පුරවැසියෙකුට ශ්‍රී ලංකාව තුල යාම්ඊම් නිදහසට හා කැමති ස්ථානයක වාසය කිරීමේ මූලික නිදහසම පිටරැටියෙකුට හෝ ද්වීත්ව පුරවැසිභාවයක් ඇත්තෙකුට හෝ රට තුළ ආයෝජනය කරන්නෙකුට ලබාදීම

කිසිසේත්ම අවශ්‍ය නොවන බවත්, එය ව්‍යවස්ථානුකූල නොවන බවත් සඳහන් කළ හැක.

කොමිසම :-

(ඉ) මේ සඳහා, ශ්‍රී ලංකාව තුළ හා ශ්‍රී ලංකාවේ විදේශ තානාපති කාර්යාල මගින් මෙහි හා විදේශවල ඇති සිවිල් සමාජ කණ්ඩායම් සමග පුළුල් සමාජ පරාසයන් තුළ සැලකිල්ලෙන් සකස් කරන ලද වැඩසටහනක් අවශ්‍ය වේ.

ලියුම්කරුගේ අදහස :-

සේවය කිරීමට කැමැති ප්‍රවාසිකයන් සම්බන්දයෙන් සකස් කරන ලද වැඩසටහනක් අවශ්‍යවේනම් එම වැඩසටහන් සකස් කරනවිට සිංහල බුද්ධිමතුන්ගේ සහභාගිත්වය භාගිත්වය අනිවාර්ය වියයුතුය.

කොමිසම :-

9. 262 ප්‍රතිසන්ධානීය ප්‍රජා සබඳතා විවෘත මනසක් ඇතිව ගොඩ නැංවීම සඳහා ආත්ම විශ්වාසය ඇති, අනාගතය අරමුණු කර ගත් ප්‍රජාවක් වන්නි පළාතේ වර්ධනය කිරීමට ශ්‍රී ලංකාවේ හා විදේශයන්හි සිටින සිය සංවර්ධන හවුල් කරුවන් සමග එක්ව කටයුතු කිරීමට මුල පිරිය යුතුය. ශ්‍රී ලංකා ආණ්ඩුව සංවර්ධන හවුල්කරුවන් සමග නිවාස, පාසල්, සෞඛ්‍ය පහසුකම් සහ ජීවනෝපාය අවස්ථාවන් සැපයීම වැනි ක්ෂේත්‍රයන්හි කරගෙන යන කාර්යයන්ට සහාය වීමට ශ්‍රී ලාංකීය ඩයස්පෝරාවට සම්බන්ධ විය හැකි අවස්ථාවකි මෙය.

ලියුම්කරුගේ අදහස :-

නැති ඩයස්පෝරාවට ඇති තැනක් ලබාදීම අවශ්‍ය නොවේ සංවර්ධනකාර්යන් යපහත් නම් එයින් අප රටට සෙතක් වේනම් එය දිගමට සිදු කරගෙන යාමට රජය සිතා ගත යුතුය. එසේම නොරටුන්ට වඩා වැඩි ඉක්මනින් සිංහල පැල්පත් වාසීන් සංවර්ධනය කිරීම සිදු කල යුතුය.

කොමිසම :-

9.263 ප්‍රවාසික ප්‍රජාවගේ මෙතෙක් කිසිවෙකු ආවරණය කර නොගත් විභවතාවයන්ගෙන් ප්‍රයෝජන ලබා ගැනීම සඳහා ක්‍රියා ප්‍රතිපත්තියක් යෝජනා කිරීමට, ජනාධිපති කාර්යාලය, විදේශ කටයුතු, ආරක්ෂක, විදේශ රැකියා යනාදියට සම්බන්ධ ආයතන පෞද්ගලික අංශය සහ විද්වතුන් නියෝජනය කරන බහුශික්ෂණ කාර්ය සාධක බලකායක් සංස්ථාපනයට ආණ්ඩුව ක්‍රියා කළ යුතු බවට කොමිසම නිර්දේශ කර සිටී. මෙතුළින් සතුරු ඩයස්පෝරා කණ්ඩායම්වල සිතුවිලි සම්බන්ධයෙන් ප්‍රතිචාර දැක්වීමද ප්‍රතිසන්ධාන ක්‍රියාවලියට රජය සහ අනෙකුත් හවුල් කරුවන් සමග ඔවුන් සම්බන්ධ කර ගැනීම ද සිදු කළ හැකිය. යුහුසුළුව එවැනි පෘථුල ප්‍රවේශයක් තෝරා නොගතහොත් වර්තමානයේ දී සිදුවන බාහිර සතුරු වාතාවරණය කරා ප්‍රවේගය වර්ධනය විය හැකිය. එමෙන් එවන් ක්‍රියාදාමයක් ඉදිරිපත් කරන කණ්ඩායම් ධ්‍රැවීකරණය නොහොත් ප්‍රජාවන් අතර ඈත්වීමක් වර්ධනය කිරීම අඛණ්ඩව සිදුකරනු ඇත. එමගින් ශ්‍රී ලංකාව තුළ ප්‍රතිසන්ධානයේ වැදගත්කම මතුකෙරෙන අයගේ අව්‍යාජ ප්‍රයත්නයන්ට දැඩිලෙස බාධ පැමිණෙනු ඇත.

ලියුම්කරුගේ අදහස :-

නැවත නැවත ඩයස්ගේ පෝරාවක් පටලවා ගැනීම අවශ්‍ය නොවේ මෙම වචනය කොමිසමේ වාර්තාවෙන් ඉවත් කල යුතුය. ඓතිහාසික දෙමළ රාජ්‍යයක් හෝ රටක් අප රට තුල කිසදා තිබී නැත. කොමිසමේ සියලු නිර්දේශ (අහෝසි) අහකට විසික් කිරීමට හෝ බල රහිත කිරීමට සිංහලයාට අයිතිය ඇත. එසේ වන්නේ නැති දෙමළ රාජ්‍යයක් ගැන ඩයස්ගේ පෝරාවක් මගින් නැවත නැවත පුනුරුච්චාරණය කිරීමය. ඩයස්පෝරාව යන වචනය භාවිතා කල හැක්කේ රටක් තිබී රටක් අහිමි වී ගිය ජන කණ්ඩායමකට පමණි. උතුරු නැගෙනහිර තම මුල් පදිංචිය අහිමිව ගිය සිංහල මිනිසුන්ට අවශ්‍ය නම් සිංහල ඩයස්පෝරාවක් මෙහිදී සකස් කරගත හැක. එය නියම ඩයස් පෝරාවකි.

අන්තර් ලබ්ධික ක්‍රියාකාරකම් -

ප්‍රතිසන්ධානය තුළ ආගමික භූමිකාව

කොමිසම :-

9. 264 බෞද්ධ, හින්දු, ඉස්ලාම් සහ ක්‍රිස්තියානි යන ලෝක ආගම් සතරක සම්ප්‍රදායයන්ගෙන් ශ්‍රී ලංකාව සාරවත්වූ බව ආගමික නියෝජිතයන් කොමිසම හමුවේ සාක්ෂි ලබාදෙමින් අවධාරණය කළහ.

ලියුම්කරුගේ අදහස :-

ශ්‍රී ලංකාව ආගම් සතරකින් සාරවත් වූ ව යැයි කීම බෞද්ධයන්ට කරන ලොකුම නින්දාවකි මෙය සිංහල බෞද්ධ රටකි. වෙනත් ආගමික සංකල්ප නිසා නිදහසේ අප රට තුල සැරි සැරූ සතා සිවු පාවුන්ට පවා ආගමික මිනිසුන් විසින් බුදිමකට ලක් කොට ඇත. ගෙරි මස් කැමද. මත්පන් බිමටද උසිගැන්වුයේ දේව මතදාරි ආගම් ලක්බිම තුල බලයෙන් පලපැදියම් වූ බැවිනි. ඉංග්‍රීසීහු පවා මෙය සිංහල බෞද්ධ රටක් බව පිළිගත් බව අප අමතක නොකළ යුතු කාරණයකි.

කොමිසම :-

9.265 දීර්ඝ කාලීන ගැටුමකට පසුව ප්‍රතිසන්ධානයක් කෙටි කලක් තුළදී ඇතිකරලීම අපහසු කාර්යකි. එබැවින් එය දිගුකාලීන ගොඩනැඟීමේ ව්‍යායාමයක කොටසක් බවට පත් විය යුතුය. ප්‍රතිසන්ධානය කේන්ද්‍රගතව පවත්වා ගැනීමට ආයතනික රාමුවක් අවශ්‍ය වන අතර එතුළින් සමාජ සමගිය බිඳවැටීමට ඇති විභවතාව පිළිබඳව පූර්වාපේක්ෂා කරගත හැකි අතර එවැනි අවස්ථාවන් භයානක අදියරකට පැමිණීමට පෙර ව්‍යර්ථ කළ හැකිය.

ලියුම්කරුගේ අදහස :-

දීර්ඝ කාලීන ගැටුමක් පවත්වාගෙන ගියේ දේශපාලනිකයන් හා ආගමික ත්‍රස්තවාදය විසිනි. යුද්ධය සම්පූර්ණයෙන්ම නිමා කිරීමට ගත වූයේ ඉතා කෙටි කාලයකි එමගින් සනාථ වන්නේ පොදු ජන හදවත් තුල දීර්ඝකාලීන ගැටුමක නොතිබූ බවයි. එසේහෙයින් තස්ත්‍රවාදය

පරාජය කොට ඉතා ඉක්මනින් අප යුද්ධය ජය ගත්තේය. නොරටුන් සමග ද සිංහලයා සැමදා මිත්‍රශිලිව සිටියේය.

කොමිසම :-

9.266 මෑතකාලීනව කලහකාරී පිරිස් විසින් ආගමික සිද්ධස්ථාන විනාශ කිරීම සම්බන්ධයෙන් අසන්නට ලැබුණු සිදුවීම් කිහිපයක් පිළිබඳව කොමිසමේ බලවත් අවධානය යොමු වී ඇත.

ලියුම්කරුගේ අදහස :-

අවුරුදු 2500 කටම සිංහලයා විසින් වෙනත් ආගමික සිද්ධස්ථාන යකට පහර දී ඇත්තේ එකම වතාවකි. එය ගිරිනිගන්ඨගේ අරාමයයි එයට ප්‍රධානම හේතුව 'මහා කළු සිංහලයා පැනල යනොයි කීමය' ආගමික සිද්ධස්ථාන වලට පහරදී නැති අතර පොල්කොළ මඩු තුල සිට බෞද්ධ, හින්දු, ඉස්ලාම් සහ ක්‍රිස්තියානි යන ආගමිකයන් තම ආගමට කුඨ ලෙස හරවන මිෂනාරින්ට විවිධ ගම්මානවල වැසියන් පහර දී ඇති බව මුළු රටම දනී. තවද නොරටුන් විසින් ශ්‍රී මහා බෝධියට, අරන්තලාවේ භික්ෂු ඝාතනය, ශ්‍රී දළදා මාලිගයට පහරදීම මෙහිදී අමතක වීම ඛේදවාචකයකි.

කොමිසම :-

9.267 මෙම සිද්ධීන් අඛණ්ඩව සිදුවීම ප්‍රතිසන්ධාන ක්‍රියාවලියට නිශ්චිතවම හානි කරවනු ඇත. එවන් සිද්ධීන් ඇති නොවීමට පියවර ගත යුතුය. එවැනි නීති විරෝධී ක්‍රියාවන් විමර්ශනය කර ඊට වගකිවයුතු පුද්ගලයන්ට එරෙහිව නඩු පැවරීමට නීතිය ක්‍රියාත්මක කරන ආයතන මෙතෙක් අසමත් වීම පිළිබඳව කොමිසම කනගාටුවෙන් යුතුව සඳහන් කරයි. එවන් සිද්ධීන් නැවත සිදුවීම වැළැක්වීමට රජය විසින් සෑම උත්සහායක්ම ගත යුතුය. එවන් පියවරක් පීඩනයට ලක් වූ කණ්ඩායම් තුළ ආරක්ෂාව සහ විශ්වාසය පිළිබඳ හැඟීමක් ජනිත කරනු ඇත.

ලියුම්කරුගේ අදහස :-

මෙහිදී සිදු විය යුත්තේ බලහත් කාරයෙන් සිදු කරන ආගම් මාරුව වහා නැවැත්වීමය. පොල් අතු ආගම් මඩු වලට පහරදීම් එවිට ඉබේම නැතිවී යන්නේය.

කොමිසම :-

9. 268 ප්‍රඥාව සහ අවබෝධය ඇතිව සියලු ආගම්වලට අයත් ජනයා දිරිගන්වමින් සියලු ආගමික නායකයන් එක්සත්ව නායකත්වය ලබා දී ඉවසීමෙන් සහ අන්‍යෝන්‍ය සහයෝගයේ දෘෂ්ටි කෝණයෙන් ගැටුම සහ එහි පශ්චාත් තත්ත්වය දෙස බැලිය යුතුය. මෙය සාක්ෂාත් කර ගත යුත්තේ ආගම්වල ඇති පොදු සාධක අවධාරණය කිරීමෙන් සහ පොදු දෘෂ්ටියකට සහ එක්සත් ක්‍රියාකාරීත්වයකට දායක වන සාධක ඉලක්ක කරවීම තුළිනි.

ලියුම්කරුගේ අදහස :-

දේව වාදී ආගම් සහා බුදු දහම අහසට පොලව සේ සදා වෙන්වී පවතී සැම ආගමක්ම සමාන යැයි කීම ආගම් වල මුල් ශාස්තෘවරුන්ද නොකියති. දේවවාදී ආගම්වල පොදු සාධක ඇත බයිබලය නිර්මාණය වීමෙන් පසු කුරානය බිහිවිය. බුදුදහම හා සිංහල චාරිත්‍ර වාරිත්‍ර ලෝක මට්ටමින් අප පටලවා නොගත යුතුය.

කොමිසම :-

9. 269 මේ සන්දර්භය තුළ අන්තර් ලබ්ධික ආගමික කණ්ඩායම් විසින් එවැනි එක්සත් හා සාමූහික ක්‍රියාදාමයක් සැලසුම් කිරීමෙන් හා ක්‍රියාවට නැංවීමෙන් ජනවාර්ගික හා ආගමික එකමුතුව වැඩි කිරීමට දිය හැකි ඵලදායී දායකත්වය කොමිසම අවධාරණය කරයි.

ලියුම්කරුගේ අදහස :-

අන්තර් ලබ්ධික ආගමික කණ්ඩායම් අවශ්‍ය වන්නේ අප රට ට නොව යුරෝපා දේශයට එහි ක්‍රිස්තියානි හා මුස්ලිම් ආගමිකයන් තම ආගමේ

නාමයෙන් ගැටුම් ඇතිකරගෙන සිටියි. පාප් වහන්සේ විසින් ලෝකයට ගෙන ආ වැඩසටහන් අපිද එම ආකාරයෙන්ම කිරීම නිසා අපේ රට තුලද නැති ආගමික ප්‍රශ්නයක් ඇතිවෙමින් තිබේ. තවද බුදුදහමට සමාන තැනක් වෙනත් ආගම් වලටද ලබාදීම අන්තර් ජාතික කුමන්ත්‍රණයකි. ආගම් බේදයක් ශ්‍රී ලංකාව තුල නැත. නැති ප්‍රශ්නයක් ඇති ආකාරයෙන් සමාජ ගතකිරීම බරපතල අපරාධයකි.

කොමිසම :-

9. 270 කොමිසමට කරුණු දැක්වූ අන්තර් ලබ්ධික හා ආගමික නියෝජිතයන්ගේ පොදු පිළිගැනීමක් වූයේ ජාතීන් හෝ ආගම් අතර ආතතීන් හා ගැටීම් පිළිබඳව කලින් අනතුරු හඟවන ක්‍රමයක් තුළින් ගැටුම් ඇතිවීම, නීතිය හා සාමයට අකුල් හෙළීම, ප්‍රතිසන්ධානය හා සාමය ගොඩනැගීමට ගන්නා පියවරවලට ඇති වන තර්ජනයන් වැළැක්වීමට හැකි වනු ඇති බවය. අන්තර් ලබ්ධික කණ්ඩායම් සමග සාකච්ඡා මගින් එවැන් කලින් අනතුරු හැඟවීමේ හා වැළැක්වීමේ වරමක් ඇති යාන්ත්‍රණයක් පිහිටුවීමට ආණ්ඩුව පහසුකම් සැලසිය යුතු බව කොමිසමේ නිර්දේශයයි.

ලියුම්කරුගේ අදහස :-

බුදුදහම ලබ්දියක් නොවන අතර මෙම වැඩසටහන අනෙකුත් ආගම් අදහනන්ට වටී බෞද්ධයන් මෙවැනි වැඩසටහන් වලට සහභාගීවීම අනවශ්‍ය. විවිධ ලබ්දිකයන් විසින් කරනා ආගම් මාරුව ද අත්හිටවිය යුතුය. අනතුරු හඟවන ක්‍රමයක් අවශ්‍යය එය බොදුනුවන් වෙනත් ආගම්වලට හැරවීම පිලිබඳ විය යුතුය.

කලාව හා සංස්කෘතිය

ප්‍රතිසන්ධානය / ප්‍රවර්ධනයේ මෙවලම් ලෙස භාෂා හා සංස්කෘතික සබඳතා

කොමිසම :-

9.271 කොමිසමට කරුණු ඉදිරිපත් කිරීමේදී ශ්‍රී ලාංකේය අනන්‍යතාව ස්ථාපනය කිරීම සඳහා භාෂා සහ සංස්කෘතීන්වල පොදු ලක්ෂණයන් හා සබඳතා හඳුනා ගැනීමේ අවශ්‍යතාව සඳහන් කෙරිණි. තවද ආණ්ඩුව හා පොදු ජනතාව සමාජයේ යහපත සඳහා කලාවේ නිර්මාණශීලීත්වයේ ප්‍රවර්ධන ප්‍රවේශය උපයෝගී කර ගැනීමට අසමත් වූවා මෙන්ම ජන කොටස් අතර අන්‍යොන්‍ය අවබෝධය වර්ධනය කිරීමට කලාවට බොහෝ සේ දායක විය හැකි බව වටහා ගැනීමටද නොහැකි විය.

ලියුම්කරුගේ අදහස :-

අන්‍යොන්‍ය අවබෝධය වර්ධනය සමාජයේ වර්ධනය වූ තරමටම යන කරණයට වඩා අවධානය යොමුවිය යුත්තේ සිංහල බොදුනුවන්ගේ රටේ සිටිනා නොරටුන් විසින් තමා එම සිංහල රටට ගැලෙපන ආකාරයෙන් ජීවත් වීමට සිතීමය. වෙනත් රටවලට සංචාරය හෝ රැකියාවට හෝ පදිංචියට යන පුද්ගලයන් එසේ සිදු කරයි නම් තමාට ඉඩම් කඩම් නොමිලේ ලබාදී ආගමික අයිතීන්ද නොමිලේ ම ලබාදී ඇති ලෝකයේ එකම සංස්කෘතිය සිංහල සංස්කෘතිය බවට ලොවට කීමට විශේෂ කලා නිර්මාණ තමා ගේම භාෂාවෙන් කිරීම ඉතා අමිල ක්‍රියාවකි, එය කලෝචිත ක්‍රියාවකි කළගුණ ද සැලකීමකි.

කොමිසම :-

9.272 කොමිසමට ඉදිරිපත් වූ නියෝජනයන් මගින් ජාතික ප්‍රතිසන්ධාන ක්‍රියාවලිය වෙත සංස්කෘතික සබඳතාවල වැදගත්කම පෙන්වා දුන් අතර සිංහල හා දෙමළ සංස්කෘතීන්ට ඉතා අගනා මූලාශ්‍රයන් ඇති බවද අවධාරණය කර 1956 දී සිදු වූවා මෙන් කලාව, නාට්‍ය හා සංස්කෘතික නවෝදයක් ඇති විය යුතු බවට තරයේ අදහස් දැක්විණි.

ලියුම්කරුගේ අදහස :-

සංස්කෘතික සබඳතාවල වැදගත්කමට වඩා වැදගත් සංස්කෘතියක් තුලට (පස් පවු නොකරන) රටේ සියලුම දරුවන් යොමු කරගැනීම වැදගත්

වේ. අහිංසක සතුන් මැරීමට දිරිදෙන, මත් පැන් පානයට හා කාමයට වහල් වීමට තුඩු දෙන සංස්කෘතීන් දැන හඳුනාගැනීමෙන් සිංහල අපට විශේෂයෙන් අත්වන වාසියක් නොමැත.

කොමිසම :-

9.273 පූජනීය ආගමික නායකයන්, කලාකරුවන් හා නිවැරැදිව සිතන පුරවැසියන් අතර පොදු ස්ථාවරයක් මතුවීම පිළිබඳව කොමිසම් සභාව සතුටට පත්වූයේ මෙම ගැඹුරු සමානතාවන් ප්‍රායෝගික ප්‍රතිසන්ධාන ක්‍රියාදාමයකට හා සාමය ගොඩනැගීමට හොඳ නිමිත්තක් විය හැකි බැවිනි. මෙසේ වියහැක්කේ දේශපාලනඥයන් තමන්ගේ පටු අවශ්‍යතා ඉවත්කොට දමා මෙවැනි ක්‍රියාදාමයක මල්ඵල නෙළීමට සහසම්බන්ධතාවයෙන් යුත් නායකත්වයක් සැපයීමෙනි.

ලියුම්කරුගේ අදහස :-

නිවැරදිව සිතීම හරවත් වීමට නම් සිංහලයාගේ අයතීන් පළමුවෙන් තහවුරු කළයුතුය. තවද යුද්ධය නිමා වීමෙන් සාමය ඇතිවූ බවද කිය යුතුය. ගොඩනැගීමට ඇති මෙම නව සාමය දෙස සිංහලයා නොකා නොබී නෝනා නොනිදා හෝ බලා සිටිය යුතුය. එයට ප්‍රධානම හේතුව නම් පූජනීය ආගමික නායකයන්, කලාකරුවන් හා නිවැරැදිව සිතන පුරවැසියන් විශාල ප්‍රමානයක් රට ඇල්ලීමේ ක්‍රියාවලියට ප්‍රසිද්ධියේ අතීතයේ සහභාගී වී ඇති බැවිනි.

කොමිසම :-

9.274 විවිධ ප්‍රජාවන් අතර ඇති භාෂාමය හා සංස්කෘතිකමය සබඳතා පිළිබඳව වැඩි අවබෝධයක් ඇති කිරීම පුළුල් ප්‍රතිසන්ධානයක් ඇති කිරීමට ක්‍රියාකාරී මෙවලමක් වනු ඇති බව කොමිසම පවසයි. මෙයට රජයේ උසස්ම ඉහළම ප්‍රමුඛත්වය දී එය රාජ්‍ය ප්‍රතිපත්ති හා වැඩසටහන්වල අනිවාර්ය ක්‍රියාකාරී අංගයක් බවට පත්විය යුතුය.

ලියුම්කරුගේ අදහස :-

සංස්කෘතික සබඳතා ගැන පුන පුනා කොමිසම වාර්තාව පුරා කතා වීමෙන් පසක් වන්නේ මෙම සිහල බොදු රට බහු ජාතික බහු

සංස්කෘතික රටක් කිරීමේ ආශාව ඇති විශාල පිරිසක් කොමිසම වෙත ගොස් අදහස් ප්‍රකාශ කර ඇති බවය. සිංහල ජාති හිතෛෂීන් මෙම වාර්තාව ගැන නැවත කල්පනා කර බැලිය යුතුය.

කොමිසම :-

9.275 දමිළ භාෂාවේ ප්‍රධාන සාහිත්‍යමය ප්‍රබන්ධයන් සිංහලට පරිවර්තනය කර පළ කරන අතරම සිංහල සාහිත්‍ය කෘති දෙමළෙන් පළකිරීම පිළිබඳව ද විශේෂ අවධානයක් යොමු කළ යුතුය. එවැනි ප්‍රකාශයන් පාසල් දරුවන් හා තරුණයන් අතර ප්‍රචලිත කිරීම ඔවුනොවුන්ගේ සංස්කෘතීන් පිළිබඳව සංවේදීතාවන් හා වැඩි අවබෝධයක් ඇති කිරීම තීරණාත්මක වැදගත්කමකින් යුක්තය.

ලියුම්කරුගේ අදහස :-

සාහිත්‍යමය ප්‍රබන්ධයන් සිංහලට පරිවර්තනය කිරීම ඉතා හොඳ වැඩකි නමුත් මෙහිදී පළමුවෙන්ම සිදු විය යුත්තේ අප රටේ සැබෑ ඉතිහාසය, සැබෑ උරුමක් කාරයන් කවුරුද යන්නත් දෙමළ හා මුස්ලිම් වැසියන් මෙහි පදිංචි වුන ආකාරයත් දෙමළ භාෂාවෙන් පළමුවෙන්ම මුද්‍රණ කිරීමය. ඉතිහාසය හඳුනා ගත් පසු සාහිත්‍යමය ප්‍රබන්ධයන් සිංහලට හෝ දෙමළට පරිවර්තනය කිරීම ඉතා හොඳ කර්තවයකි.

කොමිසම :-

9.276 විශේෂයෙන් තරුණ පුරපුරේ යහපත සඳහා ජාතීන් අතර පවතිනා සමානාත්මතා හා අන්‍යෝන්‍ය අවබෝධය හුවා දක්වමින් චිත්‍රපට, රූපවාහිනී හා වේදිකා නාට්‍ය, නිෂ්පාදනයන්ට දිරි දීමක් කළ යුතුය.

ලියුම්කරුගේ අදහස :-

සමානාත්මතාවය ඇත්තේ හුදෙක් කන බොන තැන් හිදී පමණක් විය හැකිය පස් පවු කිරීමට දිරිදෙන, කාමයේ වරදවා හැසිරීමට ආගමිකව දිරිදෙන සංස්කෘතීන් හා අප සංස්කෘතිය අහසට පොලව සේ වෙනස්ය. වෙනත් රටක සංචාරයට ගිය පසු මෙය මානව වටහා ගත හැක.

කොමිසම :-

9.277 ජාතික ගීයේ ප්‍රශ්නය පිළිබඳව අප ජාතික ගීය භාෂා දෙකෙන්ම සමකාලිකව එකම තනුවකට අනුව ගායනා කිරීමේ සිරිත තවදුරටත් පවත්වාගෙන යැමට උපකාර කළ යුතුය. මෙය කාලය තුළ මේ භාවිතයේ කිසිදු වෙනසක් කිරීම තුළින් දැඩි නොරිස්සුමක් ඇතිවිය පශ්වාත් අර්බුද ප්‍රතිසන්ධානයේ වර්ධනයට උපයෝගී නොවනු ඇත.

ලියුම්කරුගේ අදහස :-

ජාතික ගීය දෙමලෙන් ගායනා කිරීම ජාතිවාදී ක්‍රියාවකි ලොව කිසිම රටක ජාතික ගීත දෙකක් නැත දෙමළ ජාතිවාදය විසින් නිර්මාණය කළ හොර ජාතික ගීය තහනම් කළ යුතුය. (ව්‍යවස්ථානුකූලවද ජාතික ගීයේ පද, තනුව හා ගායනය වෙනස් වෙනස් කිරීම වරදකි.) නැතහොත් තව නොබෝ කලකින් මුස්ලිම් වැසියන් ජාතික ගීය අරාබි භාෂාවෙන් ගැයීමට ඉල්ලනු ඇත.

ජන කොටස් අතර සම්බන්ධය

කොමිසම :-

9.278 අවබෝධය මිත්‍රත්වය හා ප්‍රතිසන්ධානය වර්ධනය කිරීමෙහි ලා ජන කොටස් අතර සම්බන්ධයේ වැදගත්කම පිළිබඳව සිය ක්ෂේත්‍ර චාරිකාවල යෙදුණු අවස්ථාවලදී සෑම ජන කොටසකගෙන්ම පැහැදිලි හඬක් අසන්නට ලැබුණි. කොමිසම මෙය තරයේ අනුමත කරන්නේ මුහුණට මුහුණ ලා හමුවීම සාමූහික එකඟත්වය හා එකමුතු බව වර්ධනයට පිළිගත් මෙවලමක් නිසා පමණක් නොවන නිසාය.

ලියුම්කරුගේ අදහස :-

පුදුමයට කාරණයනම් එකදු සිංහලයෙකුවත් සිය ක්ෂේත්‍ර චාරිකාවල යෙදුණු නිලධාරීන් හට තම මව් භූමියේ සිටින කිසිම (විදේශයෙන් මෙහි ආ) ජන කොටසක් අතර මුහුණට මුහුණ ලා හමුවීම බැරි ප්‍රශ්න නැති බවත් රට බෙදා වෙන්කරන ගැනීමට මෙහි සිටිනා සුළු ජාතින් උත්සහා කරනා බව නොපැවසීමය. කොමිසමේ මෙම ප්‍රකාශ සම්බන්ධයෙන් නැවත අපි හැරි බැලිය යුතුය.

කොමිසම :-

9.279 විශේෂයෙන්ම අර්බුදයේ වඩාත් පීඩාවට පත්වූවන් ලෙස මෙහිලා තරුණයන්ට විශේෂ භූමිකාවක් ඇත. සෑම ජන කොටසකම තරුණයන්ට අර්බුදයේ ප්‍රධාන පීඩාවන්ට සහ ප්‍රතිඵලයන්ට මුහුණ දෙන්නට සිදුවිය. අර්බුදය පුරාම ලේ හැලෙන අවස්ථාවල මිස ඔවුනට එකිනෙකා හමුවීමට හා අන්‍යෝන්‍ය අවබෝධයක් ඇති කර ගැනීමට ඉඩ කඩ නොතිබිණි.

ලියුම්කරුගේ අදහස :-

අර්බුදවලට හසුවීමට සිදුවන්නේ හැරම්ටියෙන් යන වයසක උදවියට නොවනබව සිංහල අප හොඳින් දනී. රට දැය සමය රැකීමට දිවි පිදීම අර්බුදයකට මුහුණදීමක් නොවේ. ප්‍රකාශයේ කියා නොකියා පැවෙසන අර්ථයක් තිබේ. වහලුන් වශයෙන් ජීවත්වීමට තරුණයන් වන සිංහලයන් වන අපට අවශ්‍ය නැත. අර්බුද නිර්මාණය කරන නොරටුන්ගේ ගුන්ඩු වලට අසුවන තරුණයන් මේ ගැන සිතා බලා ක්‍රියාත්මක වී දිවි බේරාගෙන සුවසේ ජීවත්විම වටී. ලේ හැලිමකින් තොරව සටනක් ජයගත් ඉතිහාසයක් හෝ රටක් ලෝකයේ කොතැනක හෝ නැත. අනුන්ගේ රටවල් ඇල්ලීමට නොයන සිංහල අපිහට අර්බුද නිර්මාණය කරන්නේ නොරටුන්හට කත් අදින දේශපාලකයන් හෝ ආගමික ජාතික අන්තවාදීන් විසිනි. රට දැය සමය බේරාගැනීමට එදත් අදත් හෙටත් සිහල අප සටන් වදින්නෙමු. ලන්ඩන් අර්බුදවල අර්ථයට වඩා හාත්පසින්ම රට බේරාගැනීමට සතුරා සමග සටන් වැදීම වෙනස් අර්ථයකි. එය නිකරුනේ ජීවිතහානි කරගැනීමක් නොවේ.

කොමිසම :-

9.280 මේ සන්දර්භය තුළ විශේෂයෙන් යෞවන කටයුතු අමාත්‍යාංශය ඇතුළුව ආණ්ඩුව හා සිවිල් සමාජ කණ්ඩායම් විසින් යොවුන් පාර්ලිමේන්තුවක් හා "තල් අරණේ සිට පොල් අරණට" වැනි හුවමාරු වැඩසටහන් ආරම්භ කිරීමට ගෙන ඇති පියවර ගැන කොමිසම සතුටට පත්වෙයි.

ලියුම්කරුගේ අදහස :-

තල් අරඹේ සිට පොල් අරඹට යැයි කිමෙන්ම උතුර හා දකුණ වෙන් කොට කතා කර තිබේ. මෙම වැඩසටහන් ගැන වැඩි විස්තරයක් අවශ්‍ය නැත.

කොමිසම :-

9.281 එවැනි මුල පිරිම්වලට කොමිසම දිරි දෙන අතර සියලු අමාත්‍යාංශ හා අදාළ ක්ෂේත්‍රයන්හි අනෙකුත් ආයතන ඔවුන්ගේ කාර්යභාරය යටතේ ඇති වැඩසටහන්වලදී එවැනි නිර්මාණාත්මක වැඩසටහන් ඔවුන්ද ඇරඹිය යුතු බවට කොමිසම තරයේ නිර්දේශ කරයි. මෙම හුවමාරු වැඩසටහන්වලට උපකාර කිරීම වර්ධනය කිරීම හා පුළුල් පදනමක් ඇතිවීම සඳහා මේවා සිවිල් සමාජයේ කොටස්වල සහයෝගය ඇතිව කළ යුතුය. එසේ වුවද එවැනි වැඩසටහන් ආගන්තුක ජන කොටස් හා සත්කාරක ජනකොටස්වල සංස්කෘතිකමය හා භාෂාමය සංවේදීතාවලට නිසි ගෞරවයක් ඇතිව සකස් කිරීමට නිසි පියවර ගත යුතුය.

ලියුම්කරුගේ අදහස :-

අප නොදන්නා ආගන්තුක ජන කොටසක් අප රට තුල නැත. සිටින්නේ දෙමළ හා මුස්ලිම් ජන කොටසක්ය. ඔවුන්ගේ ආ ගිය තොරතුරු හැසිරීම් සංස්කෘතිය හා ඔවුන් විසින් විවිධ බලපෑම් කොට බලහත්කාරයෙන් ලබාගන්නා ලද අයිතිවාසිකම් පිලිබඳ අප හොඳින් දනී. ඉතිහාසය දෙස බලන්න.

දේශපාලන සම්මුතිය සඳහා වූ අවශ්‍යතාවය

කොමිසම :-

9.282 ශ්‍රී ලංකාවේ ප්‍රතිසන්ධානයට බාධා පමුණුවන එක් ප්‍රධාන සාධකයක් වන්නේ බලය බෙදා හැරීම වැනි තීරණාත්මක ජාතික ප්‍රශ්න ගැන දේශපාලන සහසම්මුතියක් සහ බහු පාර්ශ්වික ප්‍රවේශයක් නොමැති වීමයි.

ලියුම්කරුගේ අදහස :-

බලය බෙදා දීමක් කිසිසේත්ම අවශ්‍ය නොමැත. අවශ්‍ය වන්නේ සිංහල ආණ්ඩුව සමග ගනුදෙනු කර තම තමන්ගේ මූලික මිනිස් අවශ්‍යතාවයන් ගොඩ නගා ගැනීමයි. එසේ නොමැතිව ටිකෙන් ටික රට ඇල්ලීම නොවේ.

කොමිසම :-

9.283 පසුගිය දශක හතර පහ තුළ ප්‍රධාන වර්ගවාදී අසමගීන්වලට හේතු වූ "ද්වේශ සහගත කථනයන්" සිදු වූ අවස්ථා ඇති බව කොමිසම නිරීක්ෂණය කරයි. ජනවර්ගයට, ආගමට හා සාහිත්‍යයට අදාළ වූ ද්වේශ සහගත කථනයන්" අසමගිය හා අරගල නිර්මාණය කරමින් ජනවාර්ගික හා ආගමික පීඩනය උග්‍ර කරන බැවින්, එවන් ක්‍රියාවලීන් සමග ගනුදෙනු කිරීමට නිවර්තක නීති නීතිගත කළ යුතු අතර ඒවා තදින් ක්‍රියාවට නැංවිය යුතුය.

ලියුම්කරුගේ අදහස :-

මෙය ඉතා අගනා නිර්දේශයකි රටේ නැති ඉතිහාසයක් මවා පෙන්නන කතා, දේවවාදී ආගම් බුදු දහම සමග සම්මිශ්‍රණය කරන කතා මෙමගින් නැවැත්විය හැක. නමුත් ජාතික ආලයෙන් තම මව් භූමියේ සිටම සිංහලයන් විසින් කරනා කතා නැවැත්වීම කළ නොහැක. එය සිංහලයාගේ මානව හිමිකම් කැඩීමකි.

කොමිසම :-

9.284 ප්‍රතිසන්ධාන ක්‍රියාවලියට, අරගලයේ බේදජනක තත්ත්වය මුළුමණින් පිළිගැනීම හා සිංහල හා දෙමළ ජන කොට්ඨාශයන්ට අයත් දේශපාලන නායකයන් හා සිවිල් සමාජයේ පොදු පසුතැවිල්ලක් අවශ්‍යය. ප්‍රධාන පක්ෂ දෙකෙහි දකුණේ දේශපාලන නායකයන් ජාතික අභිලාශයන් වෙනුවෙන් ක්‍රියාකොට දෙමළ ජනයාට පිළිගත හැකි විසඳුමක් ඉදිරිපත් කිරීම පිළිබඳව ඔවුන් අතර සම්මුතියක් ඇතිකරගෙන තිබුණා නම් ගැටුම වළකාගත හැකිව තිබිණි. බෙදුම්වාදය සඳහා වූ සන්නද්ධ ව්‍යාපාරයට දිරි දීමෙන් වැලකී නොසිටීමෙන්ද සිංහල හා

දෙමළ ජනයාට එරෙහි එල්.ටී.ටී.ඊ. ය ගෙන ගිය ප්‍රචණ්ඩ සහ ත්‍රස්තවාදී ක්‍රමවේදයන්ට විරුද්ධ නොවීමෙන් ද එල්.ටී.ටී.ඊ.යට ගෙන ගිය ප්‍රචණ්ඩ සහ ත්‍රස්තවාදී ක්‍රමවේදයන්ට විරුද්ධ නොවීමෙන් ද එල්.ටී.ටී.ඊය සහ එහි දූෂ්‍ය ක්‍රියාවන්ට එරෙහිව නිර්භයව හා ශක්තිමත්ව නැගී නොසිටීම තුළින් ද දෙමළ දේශපාලන නායකයන්ද මෙම අර්බුදයට එක හා සමාන ලෙස වගකිව යුතුය. සිදුවූ දේ වෙනුවෙන් සාමූහිකව පසුතැවීම එක් පාර්ශ්වයකට හෝ පහසු නොවනු ඇත. එය සිදුවී ඇති මානව ඛේදනය දැකීම හරහා ඇතිවන්නා වූ ගැඹුරු සදාචාරාත්මක ස්වයං තක්සේරුවක් සඳහා ඔවුන් සූදානම් විටෙක පමණක් සිදුවිය හැක. ප්‍රතිසන්ධානයේ බීජ මුල්බැස ගතහැක්කේ සමාව දීම සහ කරුණාව ඇති විට පමණි. සියලු පාර්ශවවල නායකයන් නිහතමානීත්වයෙන් එකිනෙකාට සමීප වී, සියලු පාර්ශ්වවල දේශපාලන නායකත්වය මෙවැනි අර්බුදයක් ඇතිවීම වැළැක්වීමට සාමූහිකව අසමත් වූ බැවින් මෙම ගැටුම නිසා විපතට පත් වූ සියලු අහිංසක පුරවැසියන්ගෙන් සමාව අයදිමින් ඒකාබද්ධ ප්‍රකාශයක් කළ යුතුය. ආගමික නායකයන් හා සිවිල් සමාජය මේ අරබයා කටයුතු කළයුතු අතර සම්පූර්ණ ප්‍රතිසන්ධාන ක්‍රියාවලියට එයින් ඇතිකරන සංසිඳීමේ බලපෑම අවධාරණය කළ යුතුය.

ලියුම්කරුගේ අදහස :-

දෙමළ දේශපාලන නායකයන් රට දෙකඩ කිරීමේ ව්‍යාපාර ඇති කරේ අදක ඊයේ සිට නොවේ. ඉංග්‍රිසින්ගේ කාලයේ සිටමය. අප රටේ ඇති ප්‍රධානම ප්‍රශ්නය වන්නේ සුළු ජාතික මතය මහා ජාතිය මත බලෙන් පැටවීමට වෙර දැරීමය.

කොමිසම :-

9.285 ඛේදනීය ගැටුමට ගොදුරු වූ සියලු දෙනා වෙනුවෙන් සහකම්පනය සහ සාමූහිකත්වය ප්‍රකාශ කිරීම සඳහාත් එවන් ලේ සෙලවීමක් නැවත කිසි දිනෙක රටේ ඇති නොවීම සහතික කිරීමට අපගේ සාමූහික කැපවීම සහතික කිරීම සඳහාත් ජාතික දිනයේදී වෙනත් සුවිශේෂී අංගයක් තිබිය යුතු බව කොමිසම තරයේ නිර්දේශ කරයි. ලැබුණු සාක්ෂි පදනම් කොටගෙන කොමිසමේ මතය වන්නේ

එවන් වැදගත් අවස්ථාවක, ඉහළ දේශපාලන මට්ටමකින් සිදුකරන මෙම අනුස්මරණ අභිනය, ජාතිය සමස්තයක් වශයෙන් ආරම්භ කොට ඇති ප්‍රතිසන්ධාන ක්‍රියාවලියට අවශ්‍ය ප්‍රගමනය සපයනු ඇති බවයි.

ලියුම්කරුගේ අදහස :-

ලෝකය පවතින තුරු යුද්ධද තිබේ යුද්ධ නැති වූවද විවිධ ලෝක ආරවුල් නිසා විවිධ දේශයන් තුල ලේ වැගිරීම් ඇතිවේ. මෙහිදී සිදුවිය යුත්තේ ලේ සෙලවීමක් නැවත කිසි දිනෙක රටේ ඇති නොවීම සහතික කිරීමක් නොවේ මනා සංක්‍රමික නීති රීති සකස්කොට විදේශ වැසියන් පාලනය කිරීම වේ. එයින් රටේ බදු අදායම් මගින් ආදායම වැඩිවීමද සන්ක්‍රමික වැසියන්ගේ මනා පාලනයක්ද ඇති වේ.

අවධානයට : ජාතික පුවත්පතක පල වූ උගත් පාඩම් හා ප්‍රතිසන්ධාන කොමිෂන් සභා වාර්තාව අවසන් කොටස කියවීමෙන් ලියුම්කරු වන මාහට හැගී ගිය අදහස් උදහස් මාලාවක් ලියා තබන්නේ අනාගත බුද්ධිමත් කතිකාවකට මුල පිරීමට පමණකි. ක්‍රමක් ක්‍රමයෙන් හීණ වී යන සිංහල අයිතිවාසිකම් සහ බෞද්ධ උන්නතිය දෙස බැලීමට කාලය පැමිණ ඇත.

නතෙන හොති ධම්මට්ඨො - යෙනත්ථං සහසානයෙ
යොච අත්ථං අත්තථං ච - උභො නිච්ජෙය්‍ය පණ්ඩිතො

යමෙකු බොරුවෙන් හිමියන් අහිමියන් කරමින් නඩුවක් විසඳූ පමණින් ධාර්මික විනිශ්චයකාරයෙකු නොවේ.
පණ්ඩිතයා හෙවත් බුද්ධිමත් විනිශ්චයකාරයා කාරණ අකාරණා විමසා අගතියට නොගොස් (ඇත්ත නැත්ත දෙක විමසා) තීරණය දෙන්නෙකි.

(ධර්මස්ථවර්ගය - ධම්ම පදය)

පාලිත ආරියරත්න
ප්‍රචාරක ලේකම්
ජාතික බෞද්ධ බලවේගය
දු.ක. 072 4848668
2012.01.20

www.ingramcontent.com/pod-product-compliance
Lightning Source LLC
Chambersburg PA
CBHW070405290526
45790CB00004B/1636
9781511597548